進捗管理

| | 4月 | 5月 | 6月 | 7月 | 8月 | 9月 | 10月 | 11月 | 12月 |
|---|---|---|---|---|---|---|---|---|---|
| 推進スケジュール | ①現状顧客管理状況、課題の把握 | ②顧客管理ツール検討<br>③顧客情報収集項目検討 | ④顧客情報入力フォーム作成<br>⑤顧客管理入力、管理ルール検討<br>⑥顧客情報共有、活用ルール決定 | ⑦運用スタート→ | → | → | ⑧効果検証→<br>⑨改善運用 | → | → |
| 実施 | 各営業が個人で把握、会社として共有している情報は皆無 | ②エクセルその他システムに関しては各社内容を聞く必要がある<br>③顧客情報項目案12項目 | | | | | | | |
| 課題共有 | ・まったく情報を残していない営業社員が半数以上<br>・まさに個人商店状態 | ・まずはエクセルでやってみる。同時にクラウドシステムなど情報収集、調査<br>・運用しながら必要な項目は追加、修正していく | | | | | | | |
| 推進スケジュール | ①顧客ランク指標の検討 | ②顧客ランクマトリクス作成 | ③コミュニケーションルールの検討、決定<br>④③の担当者決定 | ⑤運用スタート→ | ⑥推移、効果検証→ | → | → | → | ⑦コミュニケーションルール見直し→ |
| 実施 | | | | | | | | | |
| 課題共有 | | | | | | | | | |

推進手順をスケジュールに落とし込む

アクションプラン推進レポートの内容を転記

アクションプラン会議で議論されたポイントや決定、共有事項を記録

● 別表2

# ビジョン実現シート

（人材企価創造プロジェクト）

## 6 10カ年事業計画

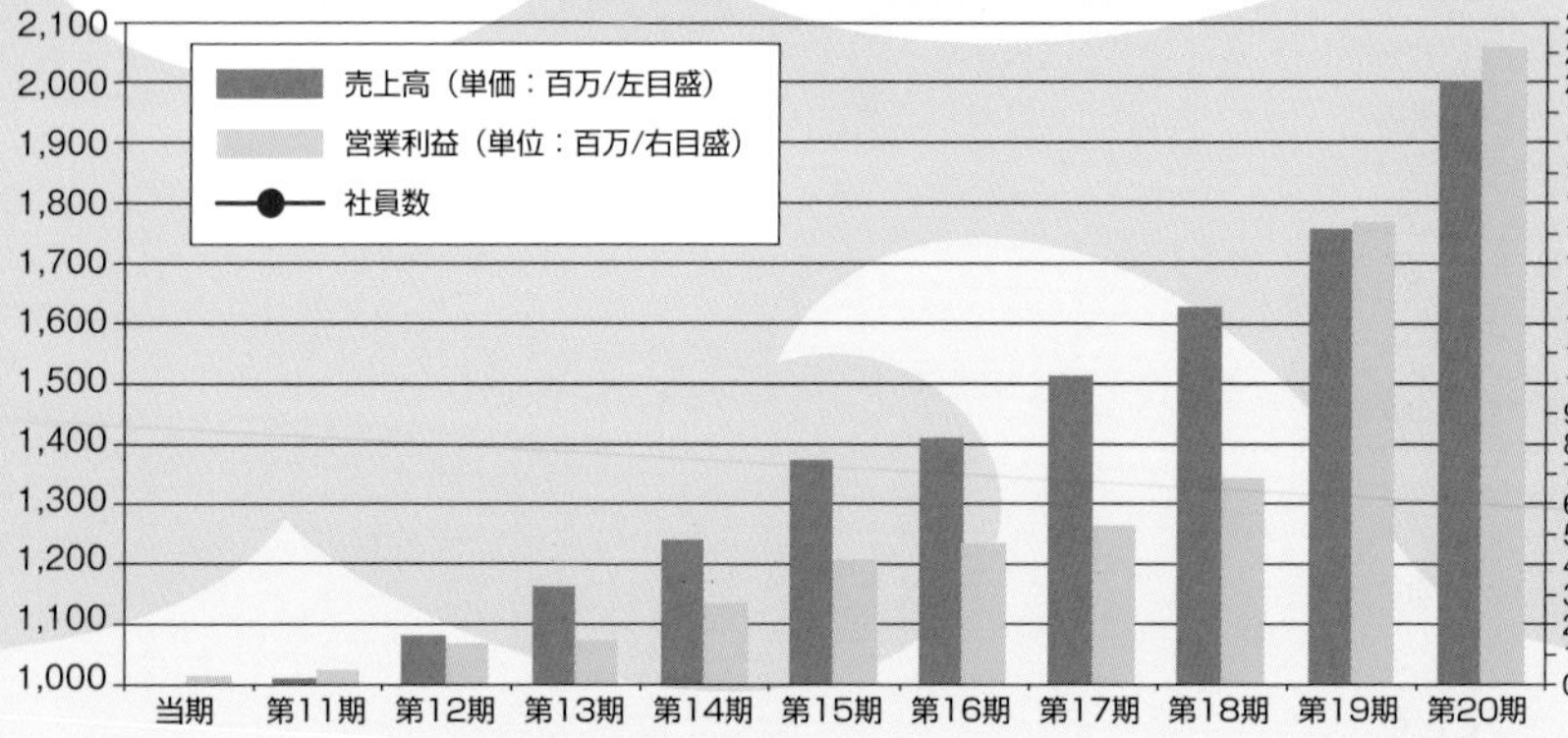


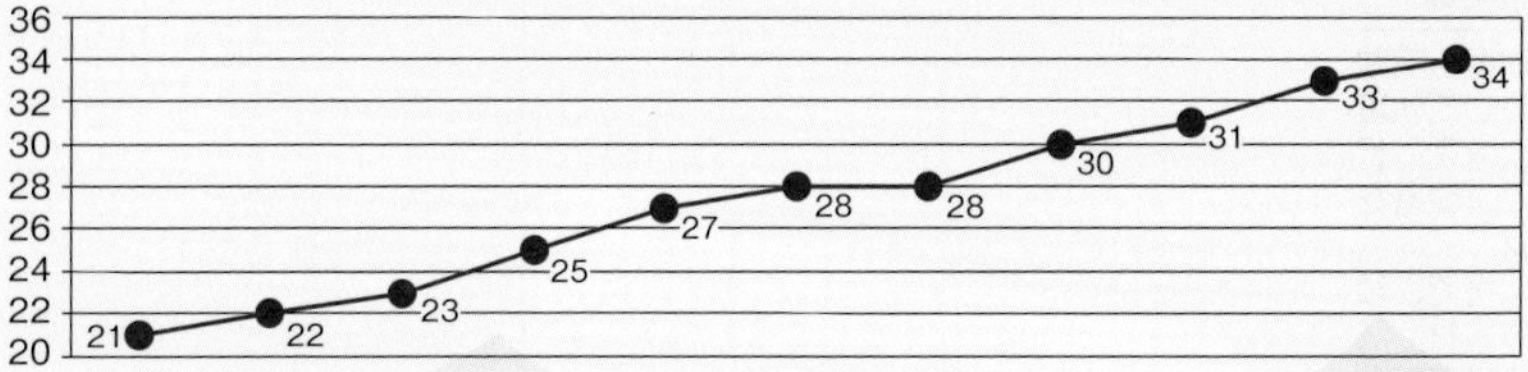


## 8 現状の人材レベル

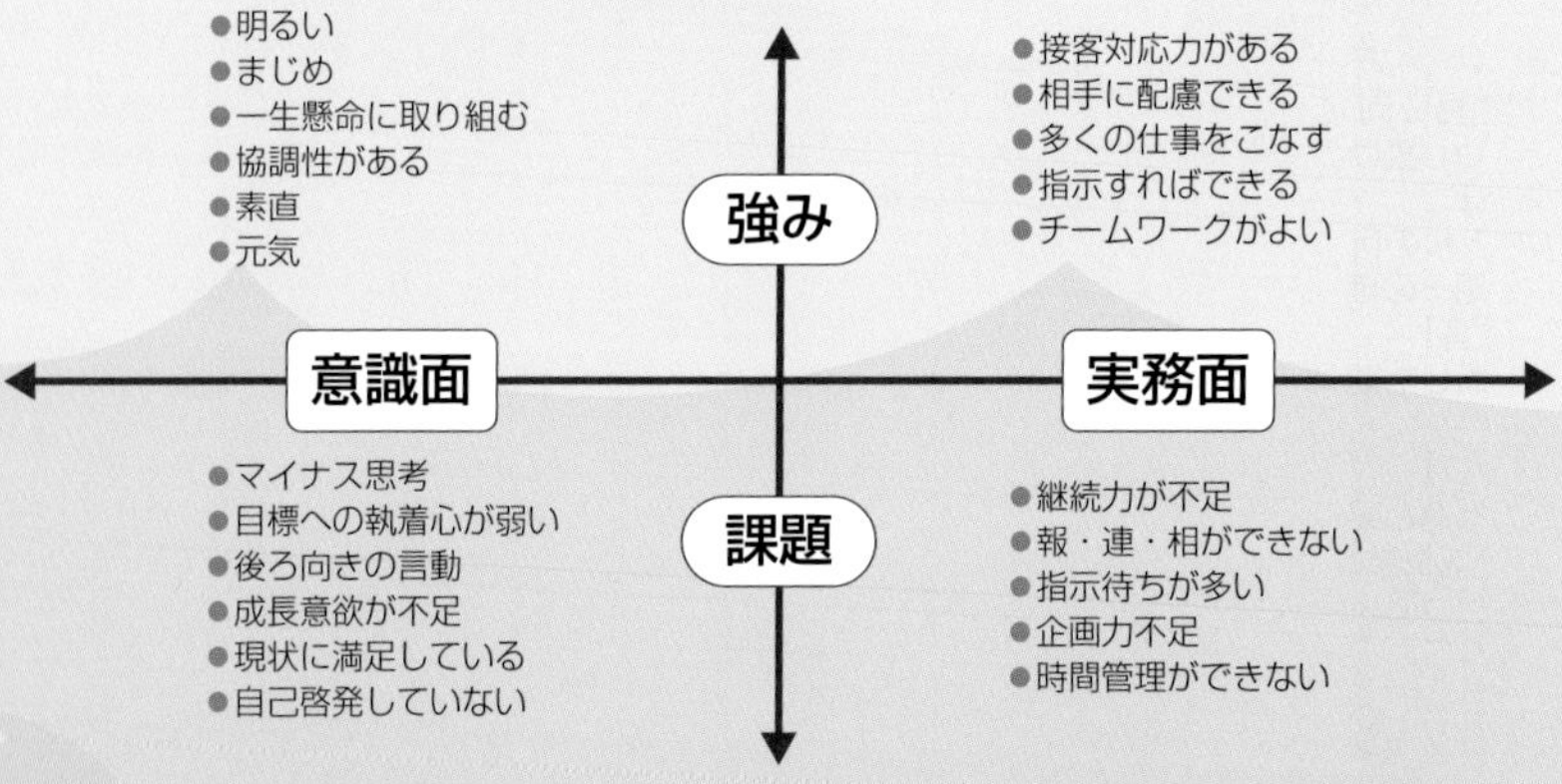

## 1 経営理念

笑顔と感謝があふれる
豊かな社会づくり

## 2 基本方針

- 期待を超える提案で、お客様の悩みを解決し続けます
- お客様と一生おつきあいできる関係づくりを目指します
- 社員全員が成長し続ける機会を提供し続けます
- 希望と未来が描ける会社を実現します
- 中小企業の発展に貢献し続けます。

## 3 行動理念

- お客様の期待を超えるサービスを目指します
- 誠実で思いやりのある対応を心がけます
- 成長意欲を持って新しいことへチャレンジし続けます
- 目標に対する執着心を持って、あきらめずに最後までやり抜きます
- 常に改善、革新に取り組み、生産性を向上させます
- 地域とコミュニケーションをとり、理念と情報を発信します
- チームワークを重視し、組織力で成果を高めます
- つねに自己研磨、自己啓発に取り組み成長し続けます
- つねにお客様の立場に立って考え、行動します

## 4 人事理念

自立型価値創造人材

## 5 ビジョン

売上高　20億円突破
社員がまわりに自慢したくなる会社

## 7 戦略

別途作成

## 9 10年後の社員人材像

**リーダー**

- 自社の理念・ビジョンを部門に浸透させることができる人材
- 目標の達成に向けて、部門をまとめることができる人材
- 戦略・アクションプランを部下を通じて実践することができる人材
- 目標に対して執着心を持って取り組み、成果を出せる人材

**全社員**

- 理念を理解し実践できる人材
- 目標に対して執着心を持って取り組める人材
- 自発的に考え、行動できる人材
- 素直な心で改善を繰り返し、つねに向上を目指す人材
- プラス思考で、積極的に課題解決にチャレンジできる人材

## 10 ギャップを埋めるために必要な課題

【理念・ビジョン共有】
- 経営理念・ビジョン浸透と実践への継続的な取り組み

【戦略・アクションプラン】
- ビジョン実現に向けたアクションプランのPDCAをまわし続ける

【目標の明確化】
- 社員１人ひとりの目標の明確化と達成に向けたPDCAの仕組みの確立

【人材育成・教育】
- 評価制度を通じた継続的に人が成長する仕組みづくり

【リーダーシップ】
- 部門目標の推進と実現できる能力を育成

【チャレンジ・成長意欲】
- 成長意欲を持って、新しいことへチャレンジする風土づくり

【チームワーク】
- 社内コミュニケーションの充実による組織力の強化

## ●別表1　戦略・アクションプラン推進表

| 分類 | 戦略NO | 戦略内容 | AP NO | アクションプラン | 成果指標 | 推進手順 | 推進責任者 |
|---|---|---|---|---|---|---|---|
| 顧客戦略 | 1 | 顧客情報の管理・活用の仕組みづくりに取り組み、情報の共有と活用を徹底、顧客の課題解決を行なうことで、既存客の売上拡大を実現する | (1) | 顧客情報管理の仕組みづくりと推進 | 既存客売上10%増 | ①現状顧客管理状況、課題の把握<br>②顧客管理ツール検討<br>③顧客情報収集項目検討<br>④顧客情報入力フォーム作成<br>⑤顧客管理入力、管理ルール検討<br>⑥顧客情報共有、活用ルール決定<br>⑦運用スタート<br>⑧効果検証<br>⑨改善運用 | 佐藤常務 |
| | 2 | 顧客育成の仕組みづくりに取り組み、顧客との関係性を強固にすることで、圧倒的ファンの増大と収益の向上を実現する | (2) | 顧客ランクの明確化とコミュニケーションルールの実践 | 年間購買額20%アップ | ①顧客ランク指標の検討<br>②顧客ランクマトリクス作成<br>③コミュニケーションルールの検討、決定<br>④③の担当者決定<br>⑤運用スタート<br>⑥推移、効果検証<br>⑦コミュニケーションルール見直し | 中尾部長 |

アクションプランをどのような手順で実行していくのか具体的な手順を決める。
手順にPDCAサイクルを盛り込むのがポイント。

成果指標は数値で各アクションプランのゴールを示す

小さな会社の人を育てて
生産性を高める

# 戦略のつくり方

山元浩二
日本人事経営研究室株式会社
代表取締役

日本実業出版社

## 序章●「現象」と「本質」

本書を手に取っていただいたあなたは、「戦略」の立案や実行にチャレンジした経験をお持ちだと思います。

その成果はいかがでしたでしょうか。


「戦略で一定の業績向上が得られた」

「よい学びになった」

「幹部社員の戦略立案スキルが身についた」

などの成果があったと答える方もいらっしゃるでしょう。

しかし、

「戦略推進のＰＤＣＡが組織に根づき、業績が伸び続けている」

と答えることができた方はいらっしゃるでしょうか。


私が知る限り、こうした状態を実現した中小企業は一握りしかないと実感しています。

私自身も苦い経験があります。自社での失敗体験のみならず、コンサルタントとして戦略の構築をサポートしたにもかかわらず成果を出せなかった、ということも何度かありました。しかも、**間違いなく成果につながるとわかる戦略ができていても結果が出せないまま、というケースが多かった**のです。

20年以上前、知識も経験も乏しかった当時の私には、なぜ中小企業が「戦略」を通じて、継続的に組織を成長させることができないのか、さっぱりわかりませんでした。立派な戦略ができて、社長やリーダー、社員と共有しているにもかかわらず、結果が出ないわけですから。

もちろん、今ではその原因ははっきりとつかめています。しかし、そこにたどり着くまでには長い年月を要しました。

それは、表に出てこない部分が原因だったからです。現象として目には見えないところに、解決すべき大きな問題と構造が隠れていたため、時間と労力を要してしまったのです。

つまり、**「戦略」が成果につながらない最大の原因は「戦略そのもの」ではなかった**のです。

戦略で成果が出ない場合、戦略のせいにしがちです。当たり前だ、という方もいらっしゃるかもしれませんが、これは本質ではありません。

「他社で成功した戦略だったかもしれないが、自社（ウチ）には合わなかった」
「業界や地域の特殊性にマッチしていなかった」
「戦略立案を支援したコンサルタントが悪かった」

などと、成果につながらない要因を挙げる中小企業の社長も多いものです。

こう結論づけてしまうのも無理はありませんが、これらは、表層に出てきた現象から判断した結果にすぎません。戦略で失敗した経験を何度かお持ちの方ならお気づきかもしれませんが、もっと深い、見えないところに原因の本質が隠れています。

それは、次の３つです。

**1. 戦略で成果を出すポイントを間違っている**

**2. 戦略を成果に導く体制が整っていない**

**3. 戦略のゴールがない**

**戦略で成果を出すために力を入れるべきポイントを、社長やリーダーが誤った認識のまま取り組んでしまうと結果は出ません。**

「2.」は、中小企業ならではの問題ですが、**組織体制が原因で戦略を実行できないまま終わってしまうというパターンも多いです。**

また、戦略で結果を出すためには、先にゴールを決める必要があります。戦略立案に取りかかる前に2つの要素「理念」と「目標」をゴールとして定め、戦略でどこを目指すのかを示すのです。

これらが満たされていない状態で戦略を推進しても期待される成果は得られないのです。

注目していただきたいのは、いずれも、戦略そのものが原因ではないという点です。

この3つの条件がそろっていない中小企業がほとんどなので、どんなに優れた戦略を実行しても、優秀なコンサルタントを何人連れてきても、成果が得られないという状況に陥ってしまっていたのです。

これが、中小企業が「戦略」で成長できない〝本質〟です。

これらをしっかりクリアしたうえで、「戦略」の推進に取り組めば、期待どおりの成果を得ることができます。

この3つの原因に関しては、第1章、第2章でくわしく解説しますので、これを読んでいただければ、「なるほど！」と納得していただけるでしょう。

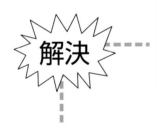

## 現象と本質

### 中小企業が「戦略」で成果を出せない理由

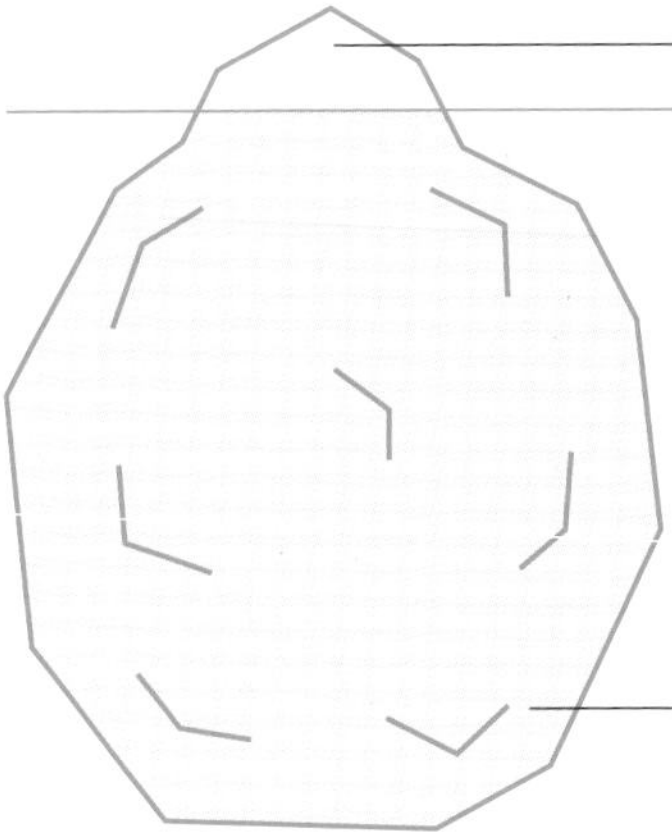

**現象**

戦略が成果につながらない
組織が成長できない

戦略そのものを原因ととらえてしまう

**本質**

1. 戦略で成果を出すポイントを間違っている
2. 戦略を成果に導く体制が整っていない
3. 戦略のゴールがない

目に見えないところに本質の原因があった

**解決**

「戦略」で人材が成長し、生産性を上げ続けることができる組織

## 「戦略」で中小企業の価値を高めることが日本の未来を豊かにする

この要因が把握できたことで、組織のどこをどう対処すれば戦略の効果を発揮することができるのかが明確になりました。先に挙げた3つの条件の中で、不足している部分を対策していけばよいからです。

ところが、これが理解できている中小企業でも、次のハードルが出てきます。それは、中小企業が自社内だけで3つの条件をクリアするのが非常に難しいということです。とくに、2番目の「戦略を実行する組織体制がない」ことが高いハードルとなります。

中小企業が短期間でこの体制を確立するのは困難だったため、私はクライアントが業績を上げ続ける体制ができるまで支援することにしました。

こうして中小企業の目に見えない課題解決のために現場に入り込み、社長やリーダーたちと10年以上かけて戦略が確実に業績と人材育成につながる仕組みを確立しました。

それが、本書でご紹介する「ビジョン実現型人事評価制度®」です。

本書を世に出さなければと考えたのは、強い危機感を持っているからです。

何より、私が危惧しているのは、中小企業の未来、そして日本の未来です。

「戦略」を効果的に活用できていない中小企業の現状は、この30年、ほとんど変わっていません。その結果、組織として本来発揮されるべきパワーを出せずに、生産性は低空飛行、大企業との収益性、賃金の差は開くばかりです。中には、中小企業不要論まで叫ぶ識者もいます。

一方、ご存じのように、中小・零細企業数は日本の企業数全体の99％以上を占め、約7割の人たちがそこで働いています。日本経済を支えているウェイトと役割は大きいといえます。もし、日本から中小企業が消えてしまったら、大企業も困り、地方を支える事業も消滅、失業者はあふれかえり日本経済は混乱して大きな打撃を受けることは明白です。

中小企業を救うための方法は1つしかないと考えています。

それは、**全国の中小企業の生産性を上げること**。

これをやりとげないと、労働人口がどんどん減っていく日本の未来は開けません。

世界でも日本の生産性は大きく後れを取っています。1人当たり労働生産性は、先進7カ国中最下位。ＯＥＣＤ加盟国38カ国中では28位となっています（２０２０年）。

その中で、中小企業の生産性は、大企業と比較すると半分以下、40％前後という実態です。数では99％以上を占める中小企業がこうでは、日本の生産性が低い要因だとやり玉に挙げられても仕方ないかもしれません。

**中小企業が、こうした現状に陥ってしまったのは、先にあげた戦略で成果を上げられない3つの本質を解決する方法が広まっていなかったからです。**

これを打開するきっかけとしてほしいという思いで、私が持つノウハウをできる限りつめこんで本書を世に出すことを決意しました。

これまで、戦略的な経営が難しいとあきらめていた方も、本書に沿って実践すれば、独自の商品やサービスを生み出し、新たな顧客を創造し、人材を育成しながら世の中への貢献度を拡大していくことができます。大手を大きく上まわる生産性とすることも可能です。

組織の未来を描くことで、社員の未来、そして日本の未来を創造する。社長だけしかなしえないやりがいのある使命だと確信しています。

すべての中小企業の社長が、高い志をもって、豊かさが拡大する未来に向かって社員を導いてほしいと願っています。

2023年8月吉日　山元浩二

小さな会社の〈人を育てて生産性を高める〉「戦略」のつくり方◆目次

## 第3章●そのまま使って「稼ぐ力」を高める20の戦略

## 第4章● 戦略は「アクションプラン」で実行する ～業績を向上させ続ける戦略PDCAの仕組み

## Excelシートのダウンロード方法

本書の「戦略」を立案・実行するにあたって効果的に活用できるExcelシートをダウンロードすることができます。

インターネットに接続し、アドレスバーに下記URLを入力するか、スマートフォンでQRコードを読み込んでダウンロード専用ページを開き、必要事項をご入力のうえダウンロードボタンを押してください。

ご入力いただいたメールアドレスへExcelシートのダウンロードURLをお送りします。

**Excel シートのダウンロード専用ページ URL**

**https://jinjiseido.co.jp/dl09/**

※ URL の入力はすべて半角英数で行なってください
※ファイルを受け取るにはメールアドレスが必要です

### ダウンロードできるExcelシート一覧

**【1】戦略立案・実行ツール集**

1. 戦略・アクションプラン推進シート
2. 基本戦略策定シート
3. 個別戦略・アクションプラン事例一覧
4. アクションプラン推進レポート
5. アクションプラン会議要領
6. チャレンジシート

**【2】経営計画策定ツール集**

1. ビジョン実現シート
2. 10カ年事業計画作成シート

※URL入力の際は、半角・全角等をご確認いただき、お間違いのないようご注意ください。
※本ファイルに起因する不具合に関しては弊社は責任を負いかねます。ご了承ください。
※本ダウンロードに関するお問合せは、メールアドレスinfo@jinjiseido.comにお願いします。
※本ダウンロードサービスは予告なく内容を変更する場合がありますので、ご了承ください。

# 第 1 章

# なぜ今、中小企業に戦略が必要なのか

# 1 組織のパワーを活用しようとしない中小企業

## 生産性とは？

本書では、**中小企業が「戦略」を通じて〝生産性〟を高めながら成長する組織となる方法を**お伝えします。

そこでまず、〝生産性〟について、確認しておきたいと思います。

生産性を導き出す公式は、次の通りです。

**産出量（アウトプット）÷投入量（インプット）**

産出量（アウトプット）および投入量（インプット）には、複数の要素が当てはまり、さまざまな生産性を導き出すことができます。

それぞれ、次のような要素が考えられます。

**産出量　生産数量、売上高、提供個数、顧客獲得件数　など**
**投入量　労働時間、従業員数、投資額、(設備などの) 稼働時間　など**

生産性で、国際競争力や企業の生産性を比較する場合、労働生産性という指標が一般的に使われます。労働生産性は、従業員1人当たり付加価値額として、付加価値÷従業員数で算出されます。また付加価値額は、「営業純益（営業利益－支払利息等）＋役員給与・賞与＋従業員給与・賞与＋福利厚生費＋支払利息等＋動産・不動産賃借料＋租税公課」とされています。

しかし、中小企業がこの計算式で労働生産性を示しても数字の意味を正しく理解できる社員は少ないでしょうし、どこを改善すれば生産性向上につながるのか把握するのも困難でしょう。

そこで、私たちは中小企業の生産性を**「粗利益額÷社員数」すなわち社員1人当たりの粗利益額として、その成長目標を定めて組織改革に取り組んでいます。**

本書でも、社員1人当たりの粗利益額（粗利益額÷社員数）を生産性の指標としてお話を進めていきます。もちろん、製造業や建設業などで付加価値を共有、活用している企業は社員1人当たりの付加価値額（付加価値÷社員数）としてとらえていただいてかまいません。

まずは、あなたの会社の現状の生産性、社員1人当たりの粗利益額がいくらなのかを算出し、把握してみてください。

## 生産性

### 本書の生産性

社員1人当たりの粗利益額

＝粗利益額÷社員数

### 生産性の公式

生産性＝産出量（アウトプット）÷投入量（インプット）

※上記公式から さまざまな生産性が導き出せる

本書では企業の競争力を左右する労働生産性の中で、中小企業の価値を高めるための重要指標

＝社員１人当たりの粗利益額を生産性とする

## 社長が1人で会社を動かす

前項でご説明した生産性、つまり社員1人当たりの粗利益額について、中小企業がこれを伸ばせない、あるいは低下させてしまっている大きな要因を2つご説明しましょう。

1つ目は、**社長が1人で会社をマネジメント**していることです。

社長が会社の方向性や目標を定め、戦略を考えてリーダーに指示します。社員の役割も決めて実行管理を行ないながら現場に口出しする場合も多いです。また、社員全員の評価も社長が行ない、賃金を決めます。

これらは文章で示したりルール化したりするのではなく、すべて社長の頭の中で考えられ決まり、口頭でやりとりが行なわれます。評価制度がなくても、賞与は支払われ昇給しているので、社員全員を評価しているということになります。

中小企業では、これらを社長が1人、もしくは社長と1～2人の幹部、あるいは社長と妻などの親族のみで行なっているケースが非常に多いのです。こうして人に頼って組織を動かしながら社員が増えていくと、どういうことが起こるでしょうか。

**生産性に限界が訪れ、いずれ下がっていってしまいます。**

人が管理・コントロールできる限界を超えてしまうからです。社員全員の役割を決め、実行状況を管理しながら必要な改善や指導を指示しようとしても、社員が増えていくと社長のキャパシティを超えてマネジメントできなくなってしまうのです。

たとえば、社員3人の組織と30人の組織をあなた1人でマネジメントしたらどうなるか、想像してみてください。どんな人でも、対象が3人であれば全員の仕事ぶりはおおむね把握できるでしょう。一方、対象が30人となると全員をきちんと把握できる人はまずいません。

そこで、必要となってくるのが**仕組みで組織をマネジメントすること**です。

社員が増えてくると目標や役割を文章やデータで示したり、手順書やルールを決めてリーダーに管理、指導を任せたりしなければ組織全体を適正にマネジメントすることはできません。つまり、人が直接組織を動かすのではなく、仕組みを介して組織を動かす構造にしなければ、統制が取れなくなるのです。多くの社長と接してきましたが、その限界は社員10～15名です。この規模を超えて人に頼ったまま組織を大きくしてしまうと、必ず生産性は落ちてしまいます。

これでは一体とならねばならないはずの組織が、集まって活動しているだけという状態で、本来のパワーは得られません。**属人的マネジメントから仕組みマネジメントへ移行できていないことが、生産性を高められない大きな要因だった**のです。

## 属人的マネジメントの限界

### 中小企業が陥る生産性低下のプロセス

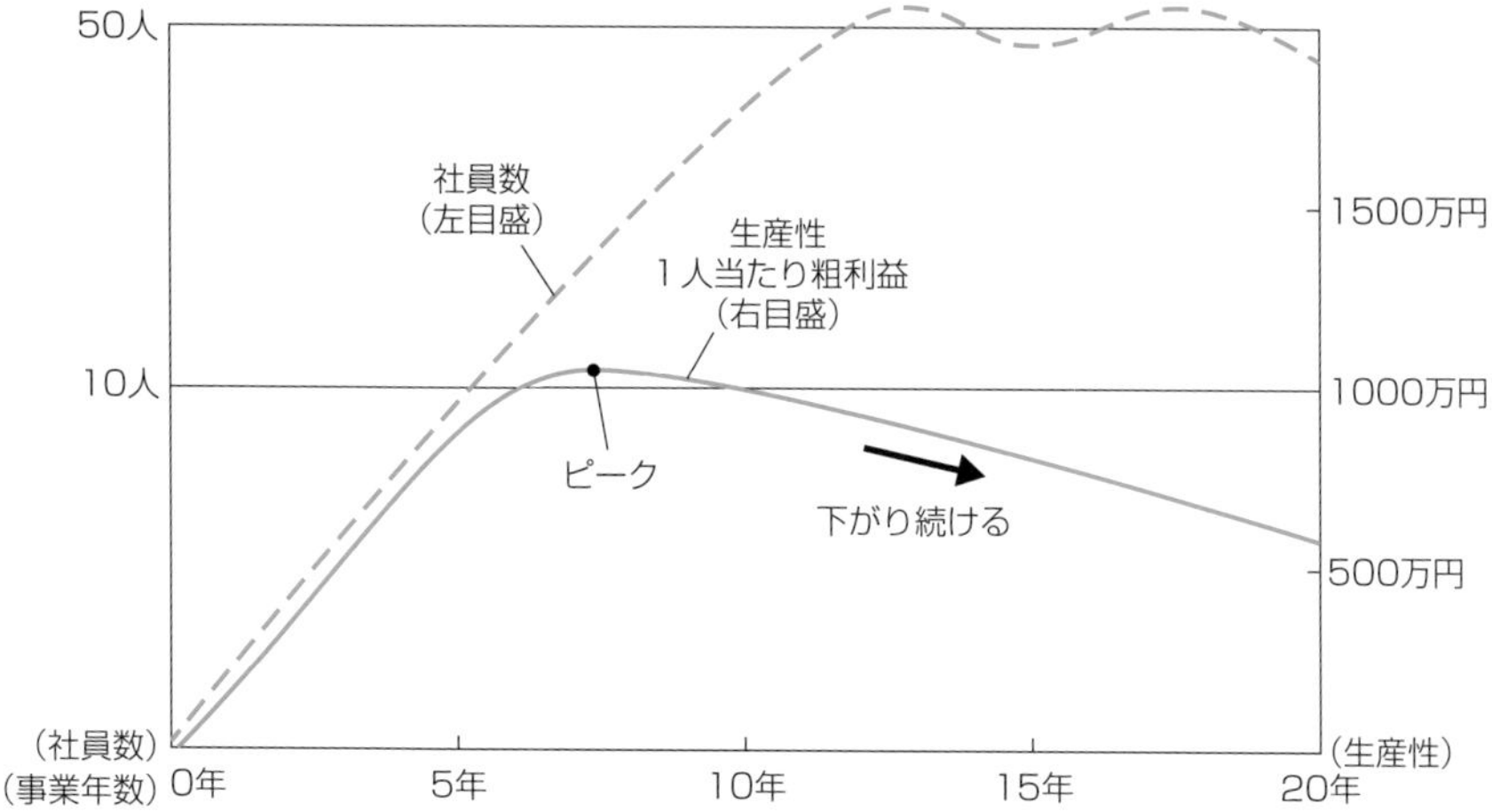


生産性は社員数10～15人をピークに下がり続けている

**原因**　属人的マネジメント
社長や 1～2人の幹部のみで組織を動かす

↓

**解決**　仕組みマネジメント
全リーダーが自分の部門をマネジメントする

**組織が何人になっても生産性を上げ続けることができる**

## もぐらたたきゲーム

〝もぐらたたきゲーム〟に興じている。これが、多くの中小企業が生産性を高められないもう1つの要因です。

どういうことか、解説しましょう。

中小企業の社長は、手をつけなければならない多くの課題を抱え、悩んでいます。賃上げ対応や人手不足に対する人材確保、人材教育、原材料高、営業力や集客力強化、IT・デジタル化、後継者問題、資金の確保などなど……。

では、こうした課題にどのように取り組んでいるのでしょうか。

正解は、「社長自身が重要で緊急度が高いと判断した課題から解決に取り組んでいる」です。

「それの何が悪いの？」という方もいらっしゃるかもしれませんが、これが中小企業の収益力の伸びに限界を招いてしまう大きな問題なのです。**社長が、対象とする課題を選択し、取り組むところからもぐらたたきゲームがスタートする**のです。

問題となってしまう要因は、次の2つです。

- **社長独自の環境と気分で何に取り組むかが決まること**
- **ゴールを定めず、計画もないまま取り組んでしまう**

社長は、自社の経営や業績向上に役立てようと、さまざまなところから情報収集に努めていることでしょう。新聞や経済紙などの媒体。ニュースや経済番組などのメディア。YouTubeをはじめとしたインターネットコンテンツや、ポッドキャストやSNSなどの情報。また、地域や経営者団体などの場で、人づてで情報を得ている人もいるかもしれません。

一方、こうしたところで話題となる経営課題やその解決策は、一時的な流行だったり、比較的多くの企業が悩むことを取り上げたりする場合がほとんどです。もしくは、社長本人の生活スタイルや行動パターンから得られたかたよった情報の可能性もあります。

「同業者の多くが取り入れている」「○○に取り組んで大きく業績を伸ばした」と聞くと、「自社もやらないと乗り遅れてしまう」と焦って即取り入れてしまう中小企業の社長も多いものです。

このような経緯で取り組みをスタートした経営課題が、自社にとって最善かつ早急に取り組むべき課題かというと、そうではない場合のほうが多いのです。

次に、中小企業の社長が課題へ対処する場合、解決後の目標やゴール、目的を定めずに取り組む場合が大半です。そのため中途半端で終わってしまうか、一時的な成果しか得られないというケースが圧倒的に多くなってしまいます。

本来、自社の課題解決に取り組むのであれば計画的に取り組むべきです。社員を巻き込む改革であればなおさら、プロジェクトとして各メンバーの役割を決めて推進します。また、予定していなかった仕事が新たに加わるわけですから年間スケジュールに落とし込んで社員に周知して進めるべきでしょう。

ところが、中小企業では社内改革や新規事業などを社長が突然スタートするケースをよく耳にします。何を目的にどういった目標を達成するのかをきちんと定めて、計画的に取り組むことで、大きな成果につながったり、ほかの領域で相乗効果が得られたりする場合があるので、非常にもったいない取り組み方をしている中小企業が多いのが実態です。

中小企業は、この2パターンで経営課題に取り組んでしまうため、費やした時間と労力とお金が無駄になり成果が得られない、あるいは限定的となってしまいます。そればかりか、現場を混乱させてしまったり、社員の反発を招いてしまったりして、生産性を落とすこともあるので要注意です。

## お金と労力を無駄にする経営課題の取り組み方

☑ 社長が思いつきで始める

☑ 目標・ゴール・計画がない

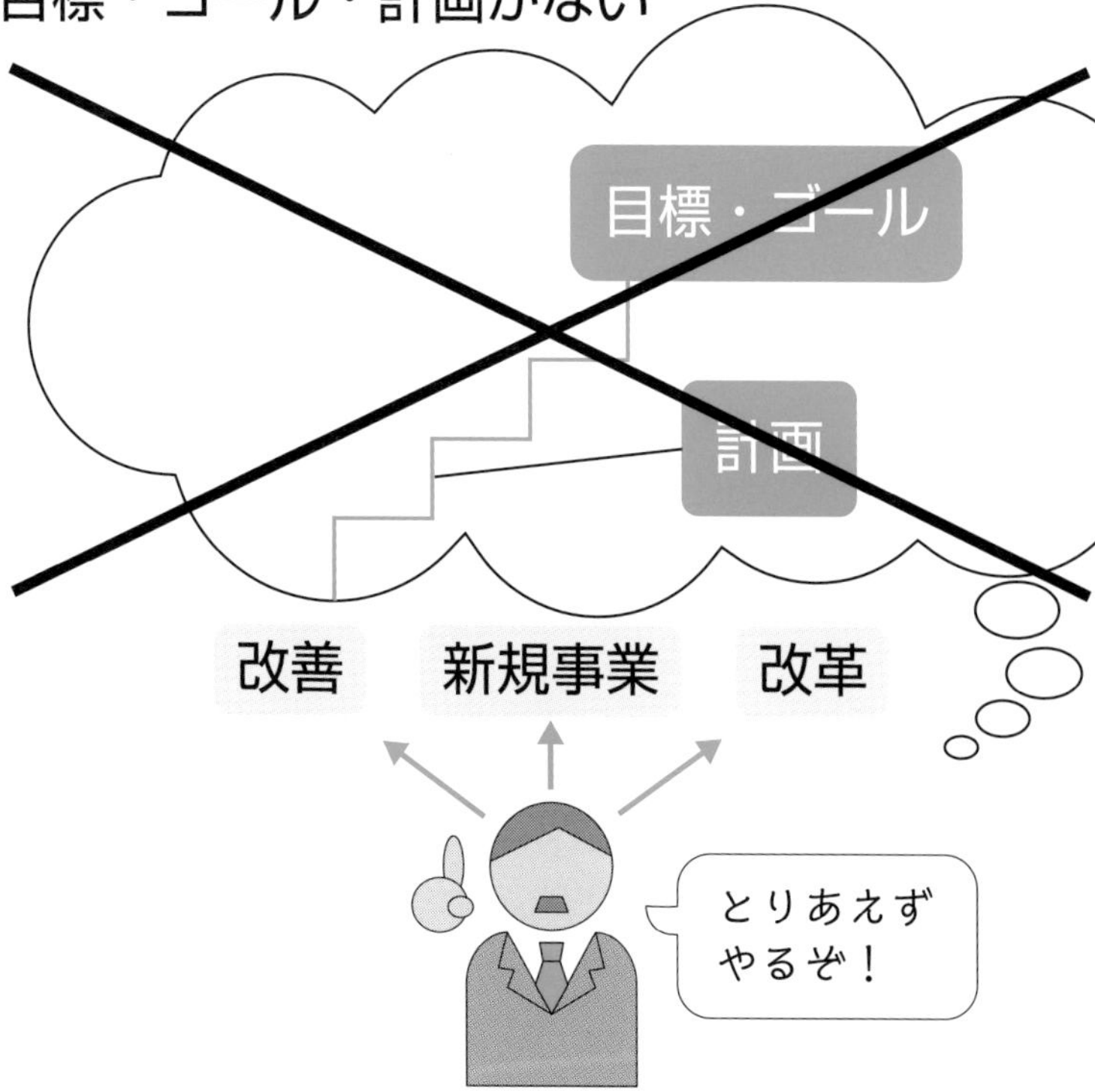

さらにこのような課題解決の進め方では、1つの課題をクリアしてもまた次の課題、そしてまた次……といった具合にさまざまな経営課題に1つずつ対処していかなければなりません。そうこうしているうちに、経済情勢の急変や災害、緊急事態など突発的な対処に迫られたり、以前解決した課題も古くなって再度取り組む必要性が出てきたりします。

つまり、**1つ1つの課題が〝もぐら〟で、頭を出したもぐら（課題）を1匹ずつやっつけても、もぐらたたきゲームのように次々に際限なくもぐらが頭をもたげてくる**のです。

しかも、退治しそこなうもぐらもたくさん出るので、数匹のもぐらを撃退できたとしても、戦果（成果）は限定的です。多くのもぐらを撃退することができても疲れ果ててしまう、あるいは実際の経営課題はもぐらたたきのように単純ではなく、複雑で難しいので途中であきらめてしまう社長もいます。

その結果、生産性が下がり続け、優秀な人材は去っていってしまう……。

これが冒頭の、「〝もぐらたたきゲーム〟に興じている」中小企業の実態です。

こうした状況に陥らないために、本書では、すべての経営課題に全社員が常時取り組んでいる体制を目指します。社長が経営課題を決めるのではなく、**リーダーが主体的に課題を発見し「戦略」を通じて部下をマネジメントしながら解決していく組織とする**のです。

## もぐらたたきゲームの実態

課題解決が終わらないもぐらたたきに
なってしまう

# 2 戦略が中小企業の生産性を劇的に上げる

## 「戦略」の定義

ここで、「戦略とは何か」について明らかにしておきましょう。

**「戦略」とは、〝目標を達成するための打ち手〟です。**

「目標」とは、自社が達成すべき将来の業績数値のことを指します。したがって、「戦略」のゴールは将来の数値目標の達成ということになります。業績数値目標は、理念やビジョンの実現に向けて、組織が成長するために必要な売上や利益などを明確にしたものです。

**企業は「戦略」の実行を通じて顧客を増やし、売上や収益を拡大し、成長できる**といえます。

「戦略」の定義については、さまざまなとらえ方や表現が使われてきました。しかし、難しい考え方や複雑な表現を覚えたからといって、よい戦略ができ、業績が上がるわけではありません。とくに、中小企業では、「目標達成のために実行すべき打ち手（仕掛け、取り組み）」とシンプルに伝えたほうがリーダーや社員にうまく伝わります。

## 戦略とは

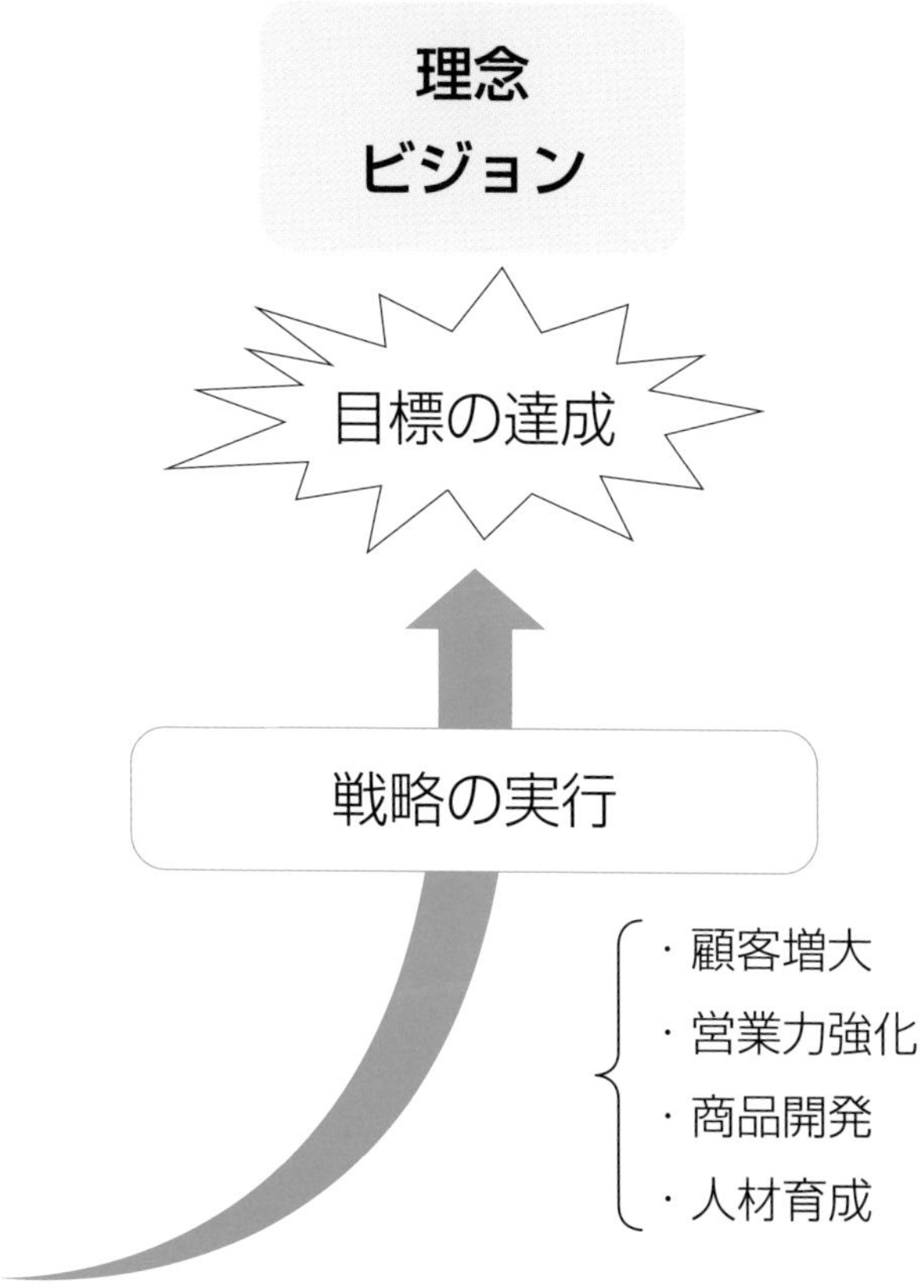


戦略＝目標を達成するための打ち手

## 「戦略」の役割

続いて、「戦略」の役割を考えてみましょう。「戦略」の役割は次の2つです。

**1 組織のベクトルを合わせること**

**2 リーダーを教育すること**

どちらも組織の成長には欠かせない要素です。

「戦略」は目標達成のための打ち手ですから、戦略を明文化することで社員は会社がどんなことをやっていくのかがわかります。さらに、戦略を実行するのは社員ですから、社員の仕事の一部も戦略から決まってくることになります。

つまり、戦略を通じて目標達成に向けて組織全体でやるべきことと、これに伴う仕事を示すことで、社員のベクトルをそろえることができるのです。

戦略を明文化せずに、社長が組織を1人でマネジメントしてしまう中小企業の弊害は19ページ「社長が1人で会社を動かす」ですでにお話ししました。これとあわせて考えると、**「戦略」を明文化して社員と共有することで業績目標が達成される確率は高まり、組織の生産性を向上させる**ということは十分理解していただけるでしょう。

では、もう1つの役割、リーダーを教育する、とはどういうことでしょうか。

これは、リーダーに戦略の推進を任せることで実現します。戦略を通じて、リーダーが身に着けることができるスキルは、「組織マネジメント力」です。

残念ながら、中小企業には、部門やチーム、店舗などの組織をマネジメントする能力を兼ねそなえているリーダーはほとんどいません。とくに、管理職クラスの人材のマネジメント力不足が、組織成長の足かせとなっている場合が多いです。


その原因は、シンプルです。これまで学んでいないし、任されていないからです。

一部を除いて、**中小企業のリーダーで、マネジメントやリーダシップなど本来リーダーが身に着けておくべきスキルを学び、実践できている人はいません。**


ではなぜ役職を与えられ、それなりの給与をもらってリーダーとなっているのか⁉

それは、主に次の3つのパターンです。

- **部門でいちばんできる人**
- **性格がよい人**
- **勤務年数が長い人**

1つ目は、いちばん業績を上げている営業社員や技術のスペシャリストがそのまま役職者となるパターンです。次に、人当たりや後輩の面倒見がよく、誰からも人間的に好かれているパターン。3つ目は、勤務年数が長く、いわゆる年功でリーダーとなったパターンです。

いずれも、リーダーとなった理由とマネジメント力、リーダーとして必要な能力は別物です。リーダーとなった後にマネジメントについて教育を受けたり、奮起して自己啓発に取り組み続けたりしている人であればある程度のマネジメント力を持っているかもしれませんが、中小企業ではめったにいません。

こうした、マネジメントについて未体験で学んだことがない中小企業のリーダーでも本書で紹介する手順にそって実践すれば、しっかりマネジメント力を身に着け、成果を出せるような人材に育ちます。

それを可能にするのが、戦略を実行計画に落とし込んだ「アクションプラン」という仕組みです。

つまり、**戦略のPDCAを、リーダーがまわしていくことで組織マネジメント力を身に着けることができるのです。このマネジメント力をリーダーが習得できる手順とツールが「ビジョン実現型人事評価制度®」には組み込まれています**（「アクションプラン」の作成、運用方法については第4章でくわしく解説します）。

## 戦略の役割

### ①組織のベクトルを合わせる

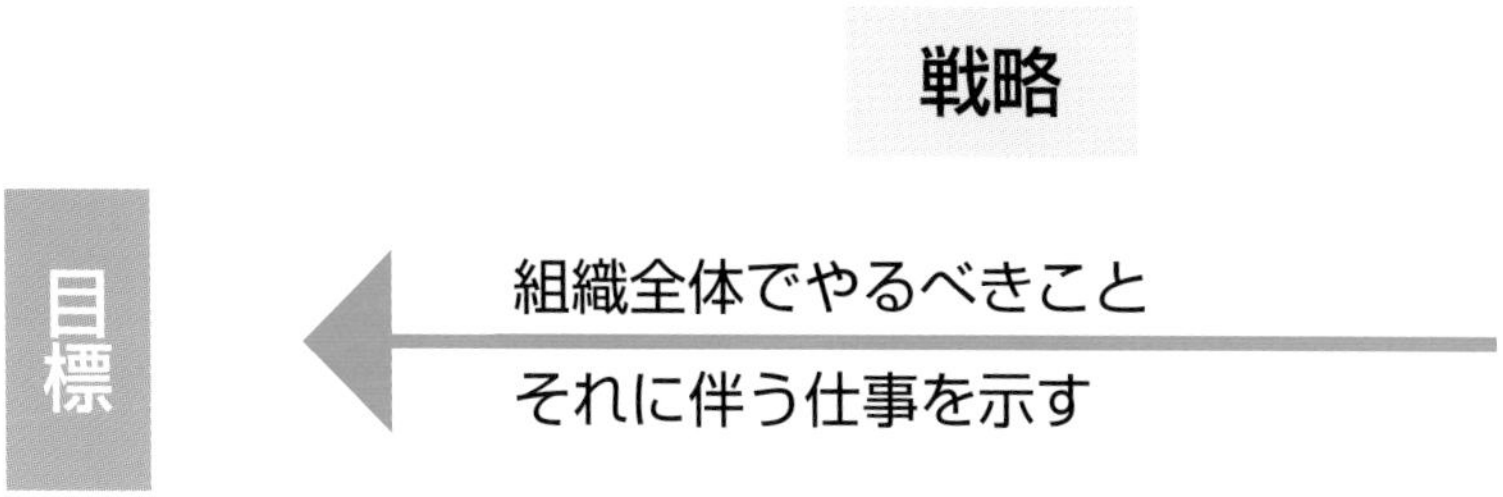


戦略を明文化することで社員全員のベクトルがそろう

### ②リーダーの教育

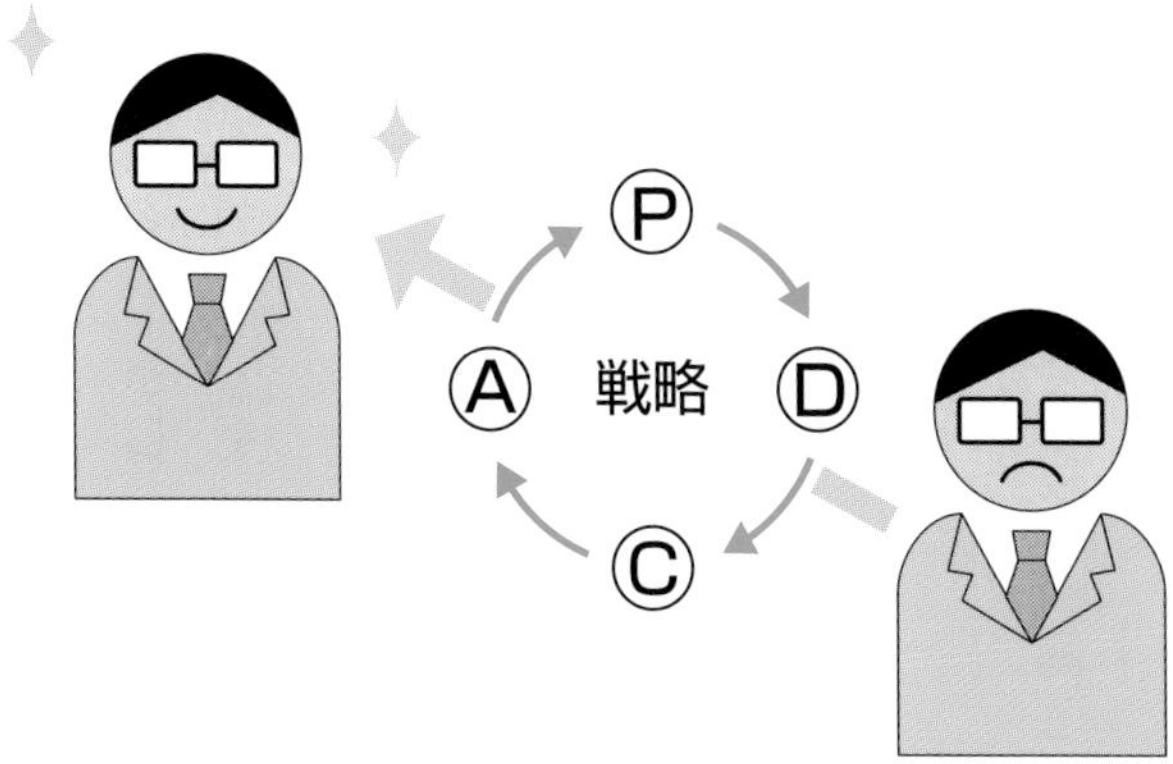


リーダーが戦略PDCAをまわすことで
マネジメント力を身につけることができる

## 戦略が明文化されていない状態が組織をバラバラに

**目標を達成するためには、「戦略」を明文化し、リーダーや社員と共有することが必要だと**いうことはご理解いただけたでしょう。ところが、この状態を実現できている中小企業はごくわずかです。これがどんな損失を生み出しているのか考えてみましょう。

会社が〝目標を達成するための打ち手〟が「戦略」だということをお伝えしました。ということは、戦略が明文化されていれば、「会社が目標達成のために何をやっていくか」を全社員がわかることになります。一方、文章で示されていない状態であれば理解できるのはごく一部の社員だけとなってしまうでしょう。

戦略がない状態で目標を示されただけでは、現場の社員は自分たちで目標達成のために何が必要かを考えて行動しなければなりません。リーダーから指示される場合もあるでしょうが、明文化されていないのでリーダーによって解釈がバラバラで、各部門が違うプロセスをとって遠まわりをしてしまうかもしれません。これでは、せっかくリーダーが、自分の役割を果たそうとやったことが裏目に出てしまいます。

このように、**戦略が示されていないと、社員の行動はバラバラとなってしまいます。**優秀なリーダーの部門は、目標を達成できる場合もあるかもしれません。しかし、**組織全体としては、目標が遠のいてしまう結果となる**でしょう。

さらに、社員を失ってしまうという弊害まで引き起こす場合もあります。

それは、目標が達成できなかった場合の、社長や幹部の対処が原因です。

「なぜいつも目標が達成できないんだ！」と、リーダーや営業社員に詰め寄る社長がいます。

戦略を示していなくても、達成できなかった要因や課題をリーダーと話し合い、対策やアドバイスをすればよいのですが、ただただ結果だけを求め、未達を責める社長も中小企業には存在します。

これは、目標達成のために必要な戦略を明確にせずに、そのプロセスは社員任せで放任という状態です。最終的には、リーダーが、社長に愛想をつかして辞表を提出したという事態にまで発展したケースもあります。

ここまで「戦略」を社員と共有しない損失を具体的にご紹介しました。

戦略が示されている会社とそうなっていない会社では、業績に大きな差が出てきてしまうということがご理解いただけたと思います。

さらに、その業績は売上に影響するだけではなく、生産性も大きく低下させてしまうことも重要なポイントです。

戦略が文章化されておらず目標へのプロセスが社員任せの会社では、行なうべき仕事がそろわないばかりか、実は大きなロスも発生しているのです。

明文化されていないということは、指示や実行内容を口頭で伝えたり、確認したりしなければなりません。複数で共有しようとするとその都度必要な人が一堂に集まるか、そのための資料を作成しなければなりません。

また、こうした中小企業では、戦略実行のプロセスはリーダー任せで全社的な進捗管理が行なわれません。つまり、目標達成を確認する1年や半年の頻度でしか進捗上の課題やトラブルが把握できない。しかも、どんなことがいつ起こったか記録を残している社員はまれですから、成功事例や改善事項も共有できないし、蓄積もされません。

こうした取り組み方が、いかに非効率で組織の生産性を下げてしまうかということは容易に想像できるでしょう。

このことは、逆に、**「戦略」の明文化と実行のＰＤＣＡを仕組み化すれば、大きな成果が得られる**ということを示しています。

## 戦略が明文化されている組織とされていない組織

### A社

目標はあるが戦略は
社員任せの会社

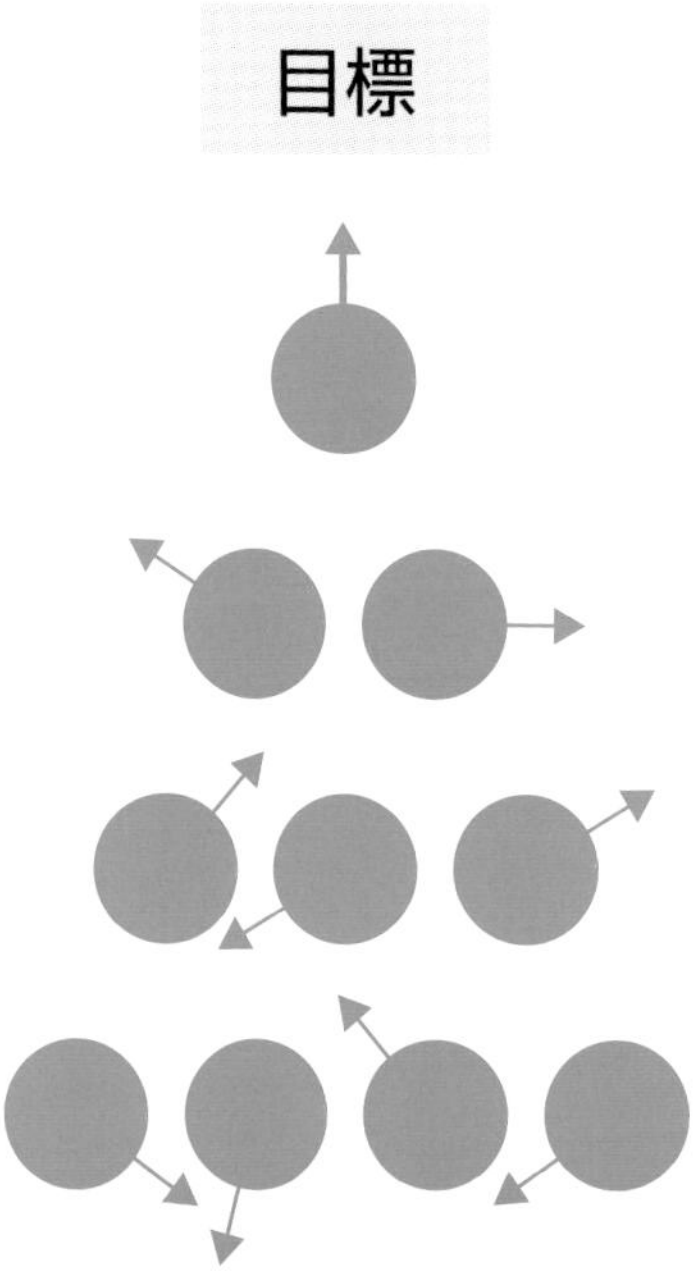


・動きは社員によって
バラバラ
・社員の力が分散
・情報が共有・蓄積さ
れない

### B社

目標にそった戦略が
明文化されている

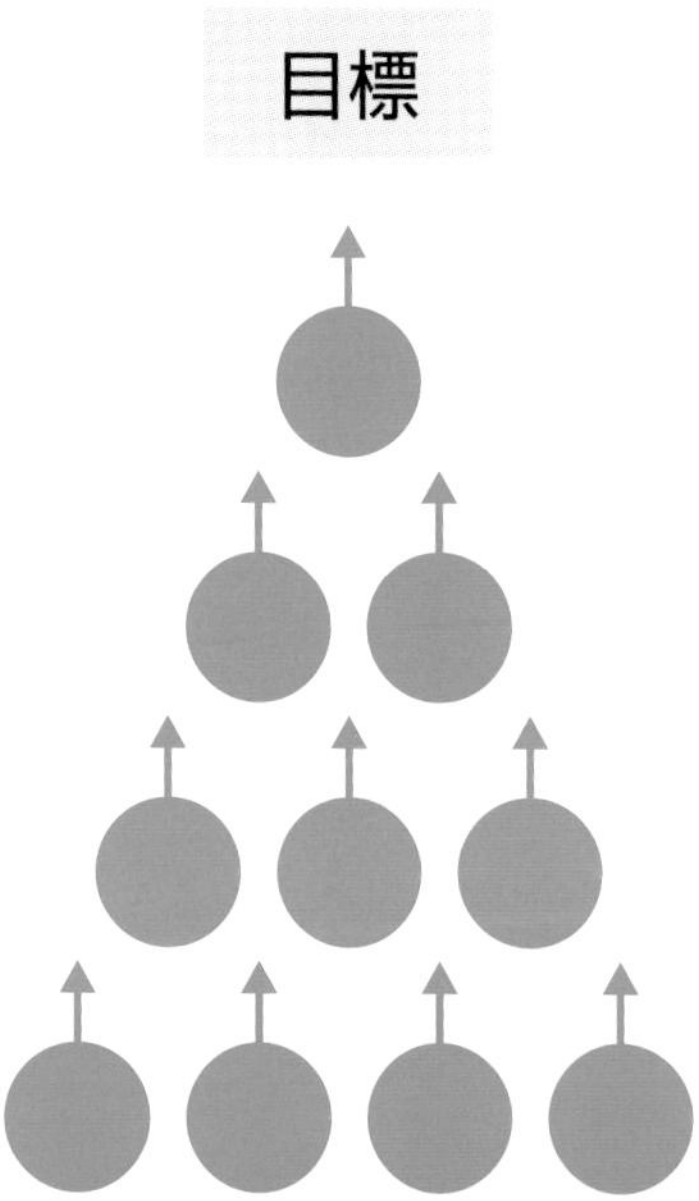


・全社員が戦略にもと
づいて行動
・情報共有でき相乗効
果が生まれる
・組織全体のベクトル
がそろう

3

# 中小企業が「戦略」で成果を出せない3つの理由

## 戦略の〝立案〟と〝実行〟のかん違い

ここまでで、「戦略」が組織の成長にとっていかに重要で、なくてはならないものであるかということがご理解いただけたと思います。

本項では、なぜ中小企業では「戦略」が継続的な業績向上につながらないのか、明らかにしていきます。序章の〝「現象」と「本質」〟でお伝えした本質の原因は次の3つです。

**1．戦略で成果を出すポイントを間違っている**
**2．戦略を成果に導く体制が整っていない**
**3．戦略のゴールがない**

まず、なんのために戦略を立案するのか、その目的をあらためて考えてみましょう。

**A　業績につながる効果的な戦略を立案すること**
**B　つくった戦略を実行し、目標の達成を果たすこと**

もちろん、答えは「B」です。

ところが、私の実体験では、「A」を目的に戦略に取り組んでいるとしか思えない中小企業が非常に多いと感じています。

「戦略のセオリー、市場で通用するための考え方がよくわかった」
「成果につながる立派な戦略ができたので業績アップは間違いない」
「戦略を幹部と共有したので、彼らが成果を出してくれるに違いない」

戦略をつくった中小企業の社長に聞くと、このようにおっしゃる方が非常に多いです。

しかし、これは言いかえると、

〝戦略の考え方や立案方法がよくわかった〟
〝業績を上げるための方法が理解でき、それにもとづいた戦略ができた〟
〝業績につながる効果的な戦略を、実行すべき社員に伝えることができた〟

というところまでで満足しているととらえることができます。

まとめると、「A」を戦略の〝立案〟、「B」を戦略の〝実行〟だとした場合、**〝立案〟に力を入れて取り組む社長が多い**、ということになります。

次に、成果を出すためには戦略の〝立案〟と〝実行〟のどちらが重要か考えてみましょう。

市場の環境を緻密に分析、正しく踏まえたうえでセオリーにもとづいた効果的な戦略を立案しなければ業績につなげることはできない。これを満たした戦略をつくるのは非常に難しいので、立案のほうが大事だという方もいらっしゃるかもしれません。

しかし、私自身が戦略の立案・実行を20年以上支援してきた実体験から、〝実行〟のほうが重要かつ難易度も高いと断言できます。

理由は2つ。1つ目は、どんなに優れた戦略が立案できたとしても、実行できなければ成果は「0」だからです。2つ目は、きちんとしたプロセスを踏んで実行すれば、戦略の方向性が少々間違っていても軌道修正しながら成果を目指すことができるからです。

戦略の〝立案〟と〝実行〟の重要度を数値で示すと、2：8で〝実行〟のほうが重要です。

前述の**「1．戦略で成果を出すポイントを間違っている」**とは、ここまでお話ししたような、「効果的な戦略が立案できれば成果につながる」と考えてしまう誤解です。その結果、本来成果につなげるために必要な〝実行〟がおろそかになってしまうのです。わかっていても、立案だけでも時間と労力がかかるため、中小企業がついつい陥ってしまいがちな間違いです。

**戦略の誤解**

効果的な戦略が立案できれば
成果につながると考えてしまう

## 中小企業は「戦略」を実行できる組織体制が不足

2つ目の原因、**「戦略を成果に導く体制が整っていない」**について、具体的に解説します。

中小企業には、戦略の推進担当者がいません。多くの中小企業では、戦略を学び立案するという役割を社長自身か一部の経営幹部のみが担っています。実行面についても同様です。これが戦略実行の大きな障害となっているのです。

**中小企業の社長や幹部はプレイング経営者**です。社長がいちばん実績を上げる営業マン、技術開発責任者、現場責任者という中小企業も少なくありません。こうした仕事をこなしながら戦略の実行、推進管理に力を入れようとしても、精神的、物理的に余裕がなく中途半端となってしまいます。その結果、戦略を通じて成果を出すところまでたどり着けないのです。

将来の目標達成のために現場の業務より重要な戦略が、おざなりになってしまっては到底生産性の向上も望めません。

この背景には、コンサルティングや教育業界の考え方とサービス、中小企業とのかかわり方も大きく影響しています。

それは、戦略に関するコンサルティングや教育サービスが、大企業向けのものしかないという点です。

一般的に、大企業には経営企画室や戦略推進室などの部署があり、専任担当者が複数在籍しています。彼らは、戦略の立案から実行管理まですべての業務にかかわっています。

こうした体制が整った大企業には、戦略立案のノウハウだけを教えれば自社内で実行できますから、コンサルティング会社のサービス提供は現状分析や戦略の提案までで十分です。さらに料金も大企業からのほうが多く取れるので、大企業向けの商品を開発しています。

一方、**中小企業では人材に余裕がなく、戦略担当者は存在しません。**

こうした実態を踏まえると、戦略に関するコンサルティングも中小企業向けのものを提供しなければ成果は出せません。ところが、わざわざ中小企業のために時間と労力をかけて商品開発をしても、大企業に比べると大きな利益も見込めないうえに手間がかかり効率性も悪いため、そこへコンサルティング会社は手を出さないのです。

その結果、中小企業は大企業の幹部や戦略担当者が学んでいるものと同じサービスを利用するしかありません。当然そこでは、**戦略実行の重要性や推進方法も教えてくれないので、中小企業の戦略実行力は高まらない**のです。

## 大企業と中小企業の違い

### ●大企業

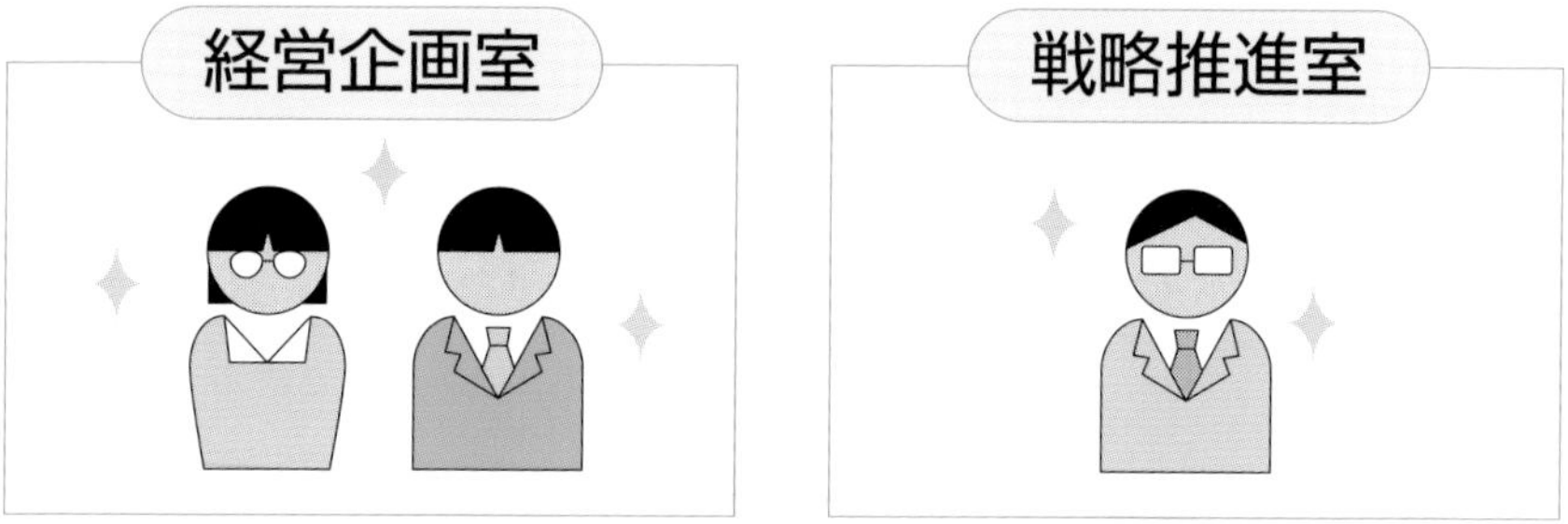


戦略のプロ・専任者がいる
➡ ノウハウを習得すれば実行できる

### ●中小企業

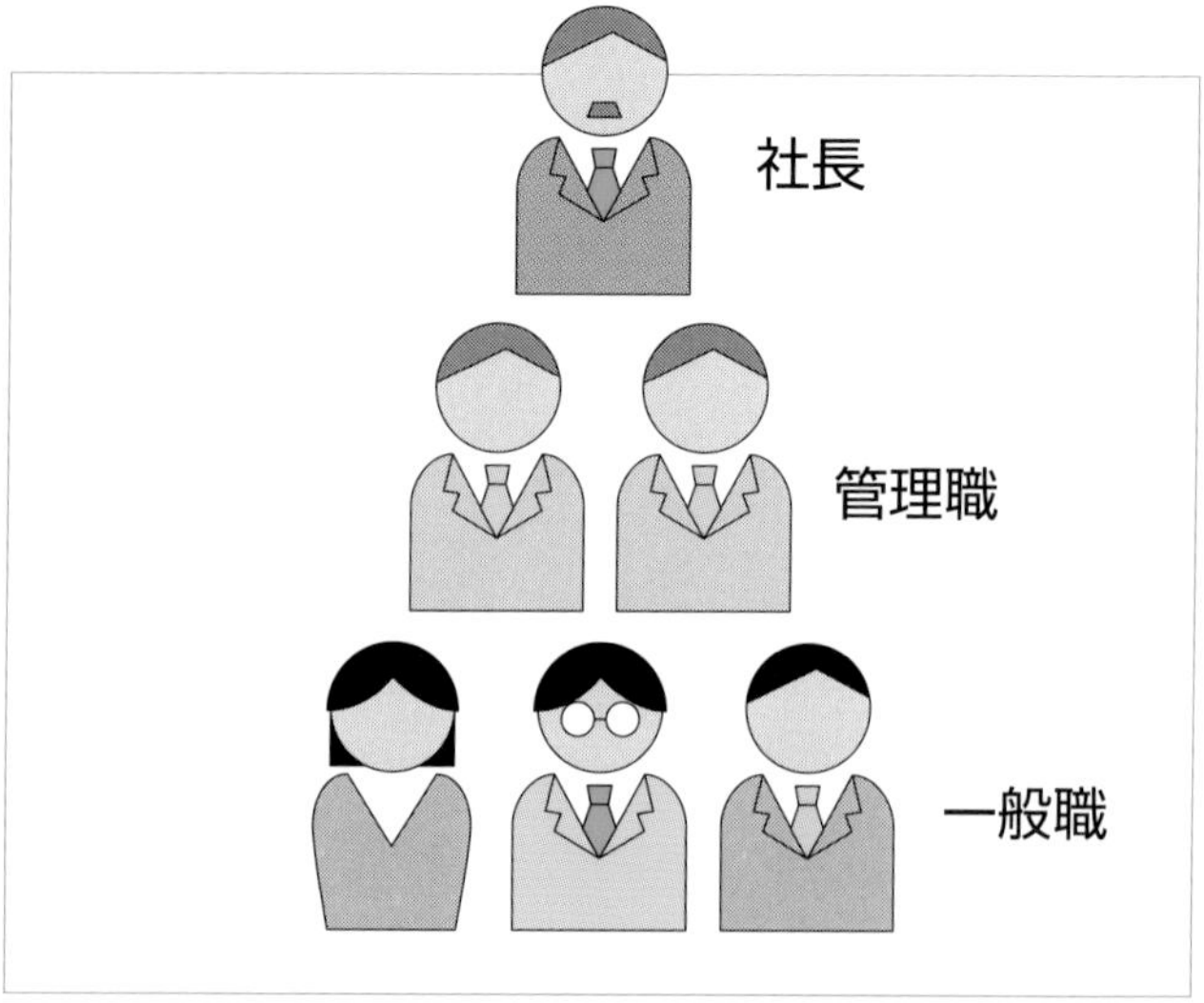


全員プレイヤー＝戦略担当者は不在

## 「戦略」のゴールを定めないまま戦略に取り組む

「戦略」の立案に取り組む前に明確にしなければならないことがあります。

それは、「戦略のゴール」をはっきり定めることです。これがあいまいなまま戦略に取り組んでしまうことが戦略が成果につながらない3つ目の理由です。

繰り返しますが、「戦略」の定義（28ページ参照）は、〝目標を達成するための打ち手〟です。

よって戦略の立案に取りかかる前に、「目標」を明確にしなければなりません。さらに目標にも目的があります。それは、「理念」の具現化です。

企業は目標を達成することでより多くの顧客や社会から支持され、貢献度と価値を高め発展していかなければなりません。この自社の存在意義と社会への貢献の方向性を定めたものが理念です。

したがって、「理念」と「目標」の2つを戦略の前に明確にしておくことが必要です。

「理念」と「目標」の考え方を次ページでご紹介しています。はじめて本格的に作成するという方もいるかもしれませんが、本書ではそれぞれの考え方だけではなく、具体的な作成の手順も第2章でくわしく解説していきますのでご安心ください。

**［理念］**

経営理念、基本方針、指針、社訓、行動理念、クレドなど会社によってさまざまな名称があると思いますが、会社の存在意義や事業目的、その考え方や方向性、社員に対する行動の指針などが理念の要素です。本書で確立していく**「ビジョン実現型人事評価制度®」では、「経営理念」「基本方針」「行動理念」「人事理念」の４項目がこれにあたります。**

**［目標］**

理念の実現に向けた組織成長過程の通過点で、到達すべき組織の状態や達成すべき業績数値や経営指標を掲げたもの。また、業績や社員の増員計画などをどうやって伸ばしていくのかを具体的な数値に落とし込んで明示します。

本書では、「ビジョン」と「10カ年事業計画」の2項目を作成することで、10年後にどのような規模と状態を目指すのか、そこへどういう成長過程を経て到達するのかを明示します。

**戦略のゴールを定めないまま立案、実行に取り組むということは、「とにかく売上を上げるために戦略を推進しているということになります。**

これでは、ゴールのないマラソンをただひたすら走っているのと同じです。しかもゴールがあいまいなのでコースが決められておらず、選手（社員）は勝手にルートを選択して走ってしまいます。組織がこのような状態であれば、成長につながらないのは明らかでしょう。

## 戦略立案の前に必要なものは……？

### ①理念

・経営理念
・基本方針
・行動理念
・人事理念

p.64へ

### ②目標

・ビジョン
・10カ年事業計画

p.68へ

**「理念」と「目標」の2つを戦略の前に明確にする**

# 4 「戦略」は2つの仕組みで実行する

## 戦略実行力のないリーダー

戦略で成果を得るためには立案よりも〝実行〟のほうが重要で、その比率は2：8だということはすでにお伝えしました。

では、その重要な実行を担当するリーダーの戦略実行力はいかがでしょうか？

**中小企業では、戦略を推進しながら成果を出した経験を持つ人はなかなかいません。** 戦略の立案については時間をかけて学び、作成したという人はいますが、実行について十分学んで経験したというリーダーを、私は見たことがありません。

戦略を推進したことがなく方法も学んでいないリーダーに、いきなり「この戦略を実行すれば必ず業績が上げられるから頼んだぞ」と、役割を与えても実行できるはずがないのです。

これが、中小企業で立派な戦略ができても成果につながらない大きな要因の1つです。

しかし、ご安心ください。本書では、こうしたリーダーが中心の中小企業で、実際に業績を上げることができた仕組みとその運用方法をくわしく解説していきます。

## 戦略が実行できない理由

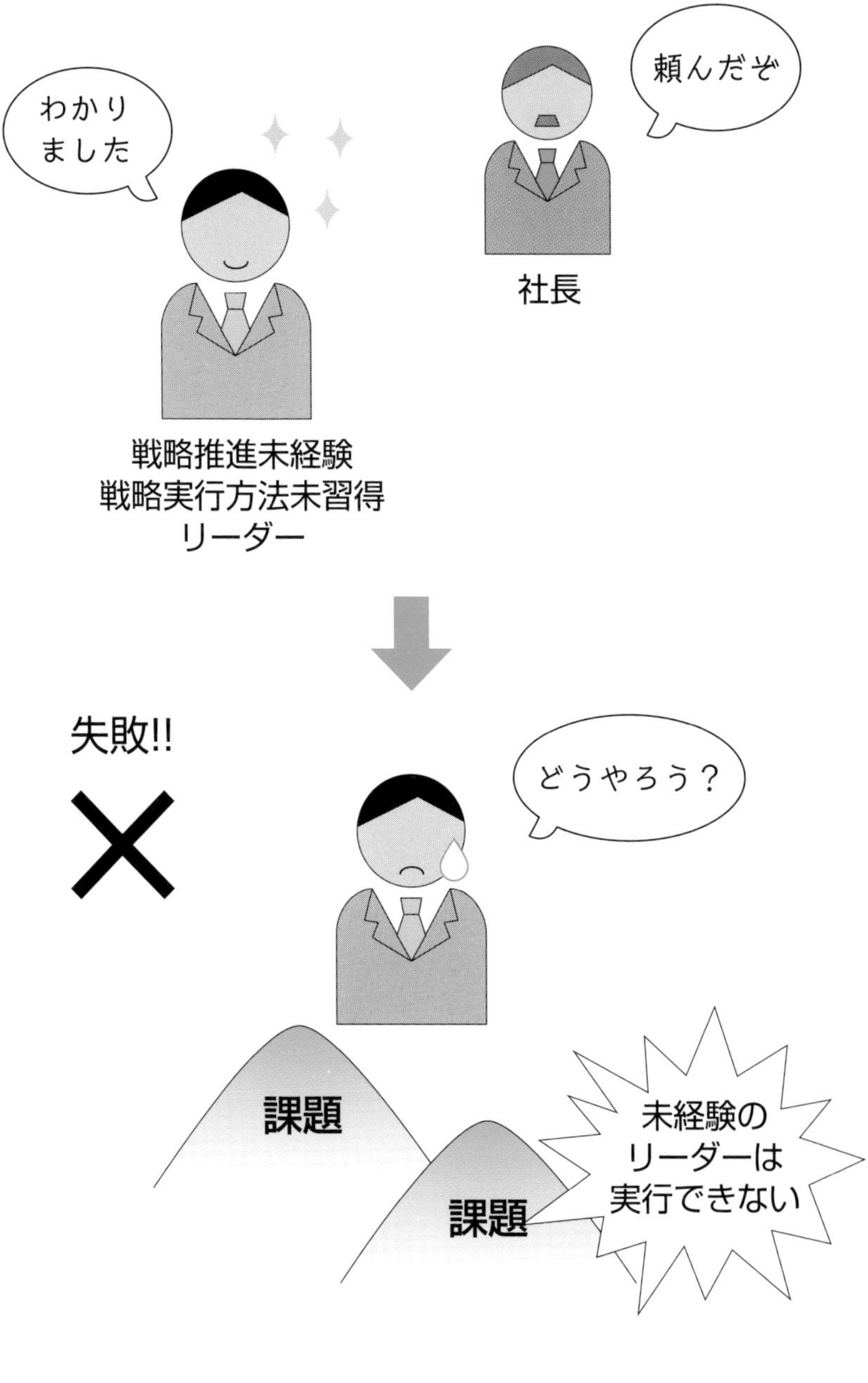
頼んだぞ
社長
わかり
ました
戦略推進未経験
戦略実行方法未習得
リーダー
失敗!!
どうやろう？
課題
課題
未経験の
リーダーは
実行できない

## 中小企業は「戦略」を立案する必要はない

次章から具体的に解説する「ビジョン実現型人事評価制度®」という仕組みで、本章で述べてきた中小企業が抱える課題をすべて解決することができます。戦略で目標を達成するのはもちろん、社員全員が成長し生産性を上げながら成長する組織とすることができます。

そのポイントの1つが、戦略の立案からの解放です。

これまで社長やリーダーが長い時間とお金をかけ、苦労してきた戦略の立案を、本書では「そのまま使える20の戦略」として紹介しています。中小企業がそのまま活用できるように、戦略事例と実行手順、ツールまで盛り込みました。

本書を読めば、**もう「戦略」を考える必要はなくなるのです。**

なぜそう断言できるのか、その経緯を少しお話ししておきましょう。

私は、約680社の中小企業の戦略立案にかかわってきました。当初は各企業で環境分析などを行ない、個別に戦略を立案していましたが、10年ほど経ってある発見をしました。

それは、**「戦略」の70～80％はどんな中小企業も同じということ。同じ戦略を実行すれば必ず業績向上につながっていた**のです。ほかの20～30％もいくつかのパターンから選択すればよく、独自に必要な「戦略」は0～10％しかありませんでした。この気づきは、大きな収穫でした。

私は、クライアントで成果に結びついた戦略を洗い出し、整理、分類、分析を進め、どの会社でも実行していたものを「必須戦略」としてまとめました。さらに、すべてのクライアントが取り組んでいるわけではないものの、多くの中小企業が実行して成果が出ている戦略を「選択戦略」としてリストアップしました。また、特殊な業種や地域、競合先の状況に応じて必要な独自の戦略を「オリジナル戦略」とし、事例集として提供するようになりました。

こうした仕組みができたのち、クライアントと戦略立案プロセスでやることは「必須戦略」の確認と「選択戦略」の選定、「オリジナル戦略」のみ検討、立案だけとなりました。その結果、クライアントの成長を大きく加速させることができたのです。

本書では、私の**22年以上のコンサルティング活動を経て独自で開発したノウハウ、中小企業のための戦略ラインナップを惜しまず公開**していきます。

戦略立案で悩む中小企業の社長、リーダーのみなさんに、より重要で労力のかかる戦略実行にできるだけ早く取り組んでいただくことが、中小企業全体の生産性の底上げにつながると確信しているからです。

## 本書であなたの会社の戦略の９割はすでにできている

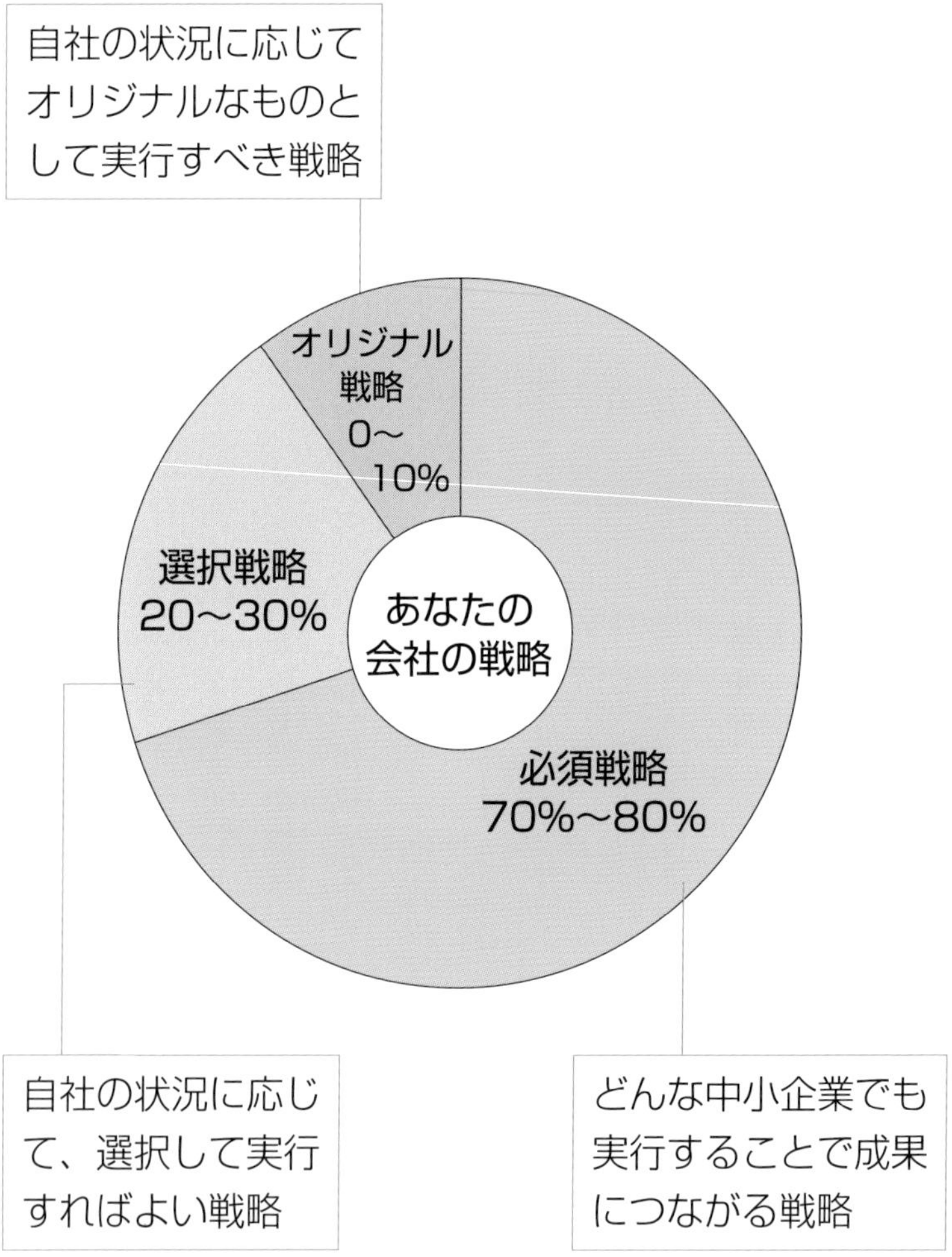
自社の状況に応じてオリジナルなものとして実行すべき戦略
オリジナル戦略 0～10%
選択戦略 20～30%
あなたの会社の戦略
必須戦略 70%～80%
自社の状況に応じて、選択して実行すればよい戦略
どんな中小企業でも実行することで成果につながる戦略

## 戦略実行〝2つの仕組み〟で任せられるリーダーが育つ

また、本書では中小企業が苦手な「戦略」の実行を、無理なくリーダーに任せることができる2つの仕組みのつくり方と運用方法をくわしく紹介していきます。

それは「アクションプラン」と「評価制度」の2つです。

「アクションプラン」は戦略を直接推進していくための実行計画、「評価制度」は戦略を実行し、成果を出せる社員を育成していくための仕組みです。

「アクションプラン」の仕組みは、第4章でくわしく解説します。戦略実行計画の作成方法とPDCAのまわし方を、コンサルティングで実践しているノウハウとツールを活用し、わかりやすくご紹介します。

繰り返しますが、中小企業では戦略のPDCAをまわしながら成果に導けるリーダーはごくわずかです。もちろん、私たちが直接アドバイスしているクライアントのリーダーたちも、最初は戦略初心者です。

しかし、**「アクションプラン」を導入することで、戦略初心者リーダーを、戦略上級者へ成長させることができます。**

「評価制度」は戦略を推進し、目標を達成できる人材を育てることができる仕組みです。

戦略はリーダーだけで実行することはできません。リーダーは戦略にそって自部門のメンバー全員に役割を落とし込み、これを実行してもらうことで部門全体の目標を達成します。

このプロセスを担うのが「評価制度」です。

こちらは第5章と第6章でくわしく解説しますが、まず「経営計画」を落とし込んだ「評価基準」を作成します。そして評価制度の運用プロセスを通じて、リーダーが部下を「評価基準」で求められる役割を実行できる人材へ導いていきます。

この2つの仕組みに取り組むことで、リーダーが戦略を推進しながら部下全員を会社が求める方向性に育成することができるようになります。これが、中小企業のリーダーに不足している〝部門マネジメント力〟と〝部下指導育成力〟を養うことにつながるのです。

自部門のマネジメントができている。
部門メンバー全員の成長課題を把握し、会社が求める方向に育成できている。

全リーダーにこの2つの力があれば、その組織は社長がマネジメントしなくても成長し続けるはずです。これを具現化できるのが「ビジョン実現型人事評価制度®」なのです。

## 戦略実行に必要な２つの仕組み

戦略

↓

実行

①アクションプラン

・具体的な戦略実行計画

・PDCAをまわしながら戦略を推進

②評価制度

・戦略実行に必要な社員の目標・役割

・目標を達成できる人材の育成

↓

全リーダーがマネジメント力と部下指導育成力を身につけることができる

↓

業績目標の達成

# 第 2 章

# 理念と目標で「戦略」のゴールを決める

# 1 「経営計画」の目的と構成

## ビジョンを実現する4つのステージ

本章から、「ビジョン実現型人事評価制度®」の構築に取り組んでいきますが、いきなり戦略づくりからスタートしても成果につながらないことは、ご理解いただいていると思います。

まず、「ビジョン実現型人事評価制度®」全体の作成と運用の流れをご紹介します。

ステージ1　「経営計画」（戦略）を作成する〈第2章・第3章〉

↓

ステージ2　「戦略・アクションプラン」を推進する〈第4章〉

↓

ステージ3　「評価制度」をつくる〈第5章〉

↓

ステージ4　「評価制度」を運用する〈第6章〉

ご覧のように、これから4つのステージにそって仕組みづくりを進めていきます。「戦略」は、ステージ1の〝「経営計画」を作成する〟で立案します。

「経営計画」では10項目の要素を作成し、「戦略」はこの中の7項目目にあたります。本章ではまず、「経営計画」の「戦略」以外の9項目について考え方と作成方法を解説し、「戦略」については第3章でじっくり解説しながらご紹介します。

前述したように「戦略」は「そのまま使える20の戦略」としてご紹介するため、かなりのページ数が必要です。そこで、まず「経営計画」の全体像を本章でつかんだのちに、戦略に取り組んでいただいたほうがわかりやすいと判断したためです。

**本章で「経営計画」に必要な10項目をしっかり把握し、「戦略」の前に必要な6項目を必ず明確にしたうえで第3章を読んで戦略を作成し、最後の3項目を作成してください。**もし、6項目の中ですでに同じ考え方で作成したものが存在するという会社は、そのまま活用していただいてかまいません。また、経営計画は、「ビジョン実現シート」という実践と浸透に効果的なフォームでご紹介します。

それでは、早速、組織を成長させるために必要な「経営計画」10個の要素をご覧ください。

### 1 経営理念

笑顔と感謝があふれる
豊かな社会づくり

### 2 基本方針

- 期待を超える提案で、お客様の悩みを解決し続けます
- お客様と一生おつきあいできる関係づくりを目指します
- 社員全員が成長し続ける機会を提供し続けます
- 希望と未来が描ける会社を実現します
- 地域と社会の発展に貢献し続けます

### 3 行動理念

- お客様の期待を超えるサービスを目指します
- 誠実で思いやりのある対応を心がけます
- 成長意欲を持って新しいことへチャレンジし続けます
- 目標に対する執着心を持って、あきらめずに最後までやり抜きます
- つねに改善、革新に取り組み、生産性を向上させます
- 地域とコミュニケーションをとり、理念と情報を発信します
- チームワークを重視し、組織力で成果を高めます
- つねに自己研磨、自己啓発に取り組み成長し続けます
- つねにお客様の立場に立って考え、行動します

### 4 人事理念

自立型価値創造人材

### 5 ビジョン

売上高　20億円突破
社員がまわりに自慢したくなる会社

### 7 戦略

別途作成

### 9 10年後の社員人材像

リーダー
- 自社の理念・ビジョンを部門に浸透させることができる人材
- 目標の達成に向けて部門をまとめることができる人材
- 戦略・アクションプランを部下を通じて実践することができる人材
- 目標に対して執着心を持って取り組み、成果を出せる人材

全社員
- 理念を理解し実践できる人材
- 目標に対して執着心を持って取り組める人材
- 自発的に考え、行動できる人材
- 素直な心で改善を繰り返し、つねに向上を目指す人材
- プラス思考で、積極的に課題解決にチャレンジできる人材

### 10 ギャップを埋めるために必要な課題

【理念・ビジョン共有】
- 経営理念・ビジョン浸透と実践への継続的な取り組み

【戦略・アクションプラン】
- ビジョン実現に向けたアクションプランのPDCAをまわし続ける

【目標の明確化】
- 社員1人ひとりの目標の明確化と達成に向けたPDCAの仕組みの確立

【人材育成・教育】
- 評価制度を通じた継続的に人が成長する仕組みづくり

【リーダーシップ】
- 部門目標の推進と実現できる能力を育成

【チャレンジ・成長意欲】
- 成長意欲を持って、新しいことへチャレンジする風土づくり

【チームワーク】
- 社内コミュニケーションの充実による組織力の強化

## ビジョン実現シート（人材企価創造）

### 6 10カ年事業計画

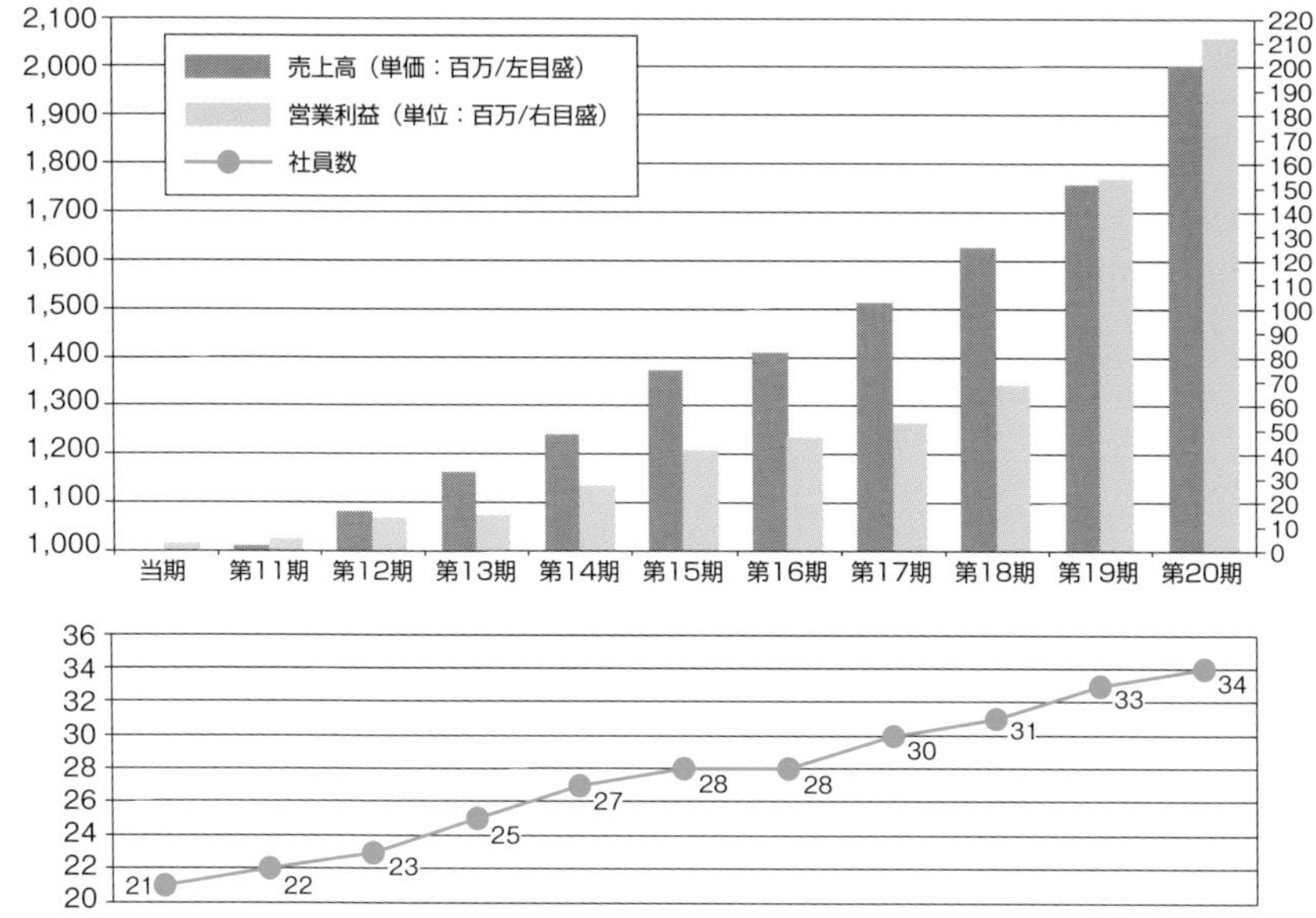


### 8 現状の人材レベル

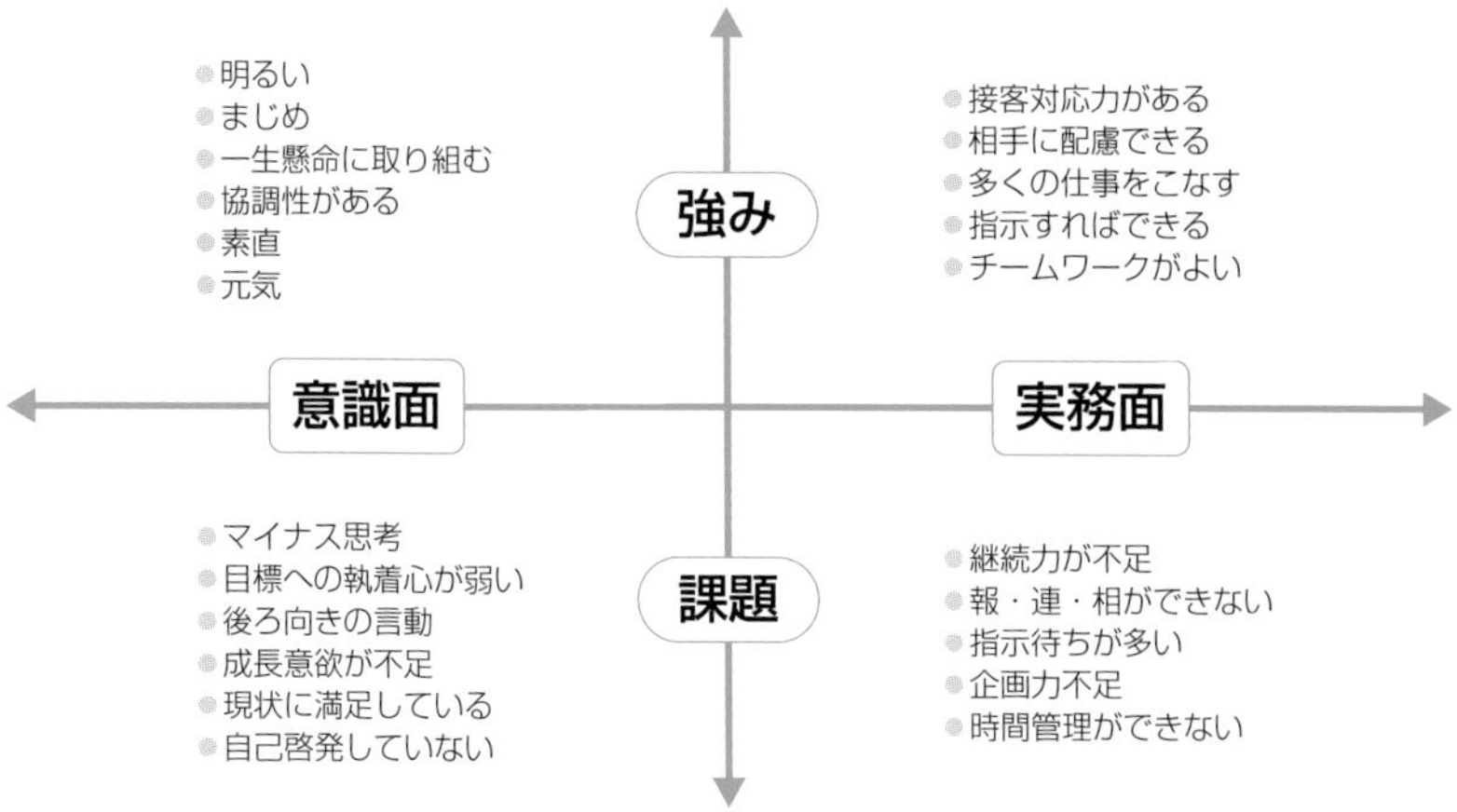

## 「経営計画」で成長組織とするために必要な10の要素

前ページに掲載の「経営計画（ビジョン実現シート）」は、私が約22年間をかけ、約680社の中小企業の社長やリーダーと試行錯誤と改善を繰り返し、たどりついた完成形です。

これからお伝えする考え方と手順にそって作成していけば、必ず「ビジョン実現型人事評価制度®」の目的に近づいていくことをお約束します。

その目的とは人材の成長を基盤として組織が成長し、自社とかかわる人たちを豊かな未来へ導いていくことです。これは、〝自社の社会への貢献度〟と置き換えることができます。これからは、こうした貢献の量と質を大きくしていくことができる企業しか発展できない時代です。

ぜひ、「経営計画」の作成に取りかかる前に、あなたの会社を中心として、まわりの人たちが豊かになっていく状況をイメージしてみてください。

その豊かな未来づくりの起点となるのが、「経営計画」なのです。

最終的なゴールに到達するためにまず行なうべきことは、「経営計画」を社員全員に理解してもらい、実践してもらうことです。このためにもっとも適したレイアウトとデザインにし、1枚のシートにまとめたものが「ビジョン実現シート」です。

「ビジョン実現シート」には3つのブロックがあり、それぞれの中で10項目の要素を作成していきます。まずは、全体構成をご紹介しましょう。

**【理念】ブロック**

1 経営理念

2 基本方針

3 行動理念

4 人事理念

**【目標】ブロック**

5 ビジョン

6 10カ年事業計画

7 戦略

**【人材育成目標】ブロック**

8 現状の人材レベル

9 10年後の社員人材像

10 ギャップを埋めるために必要な課題

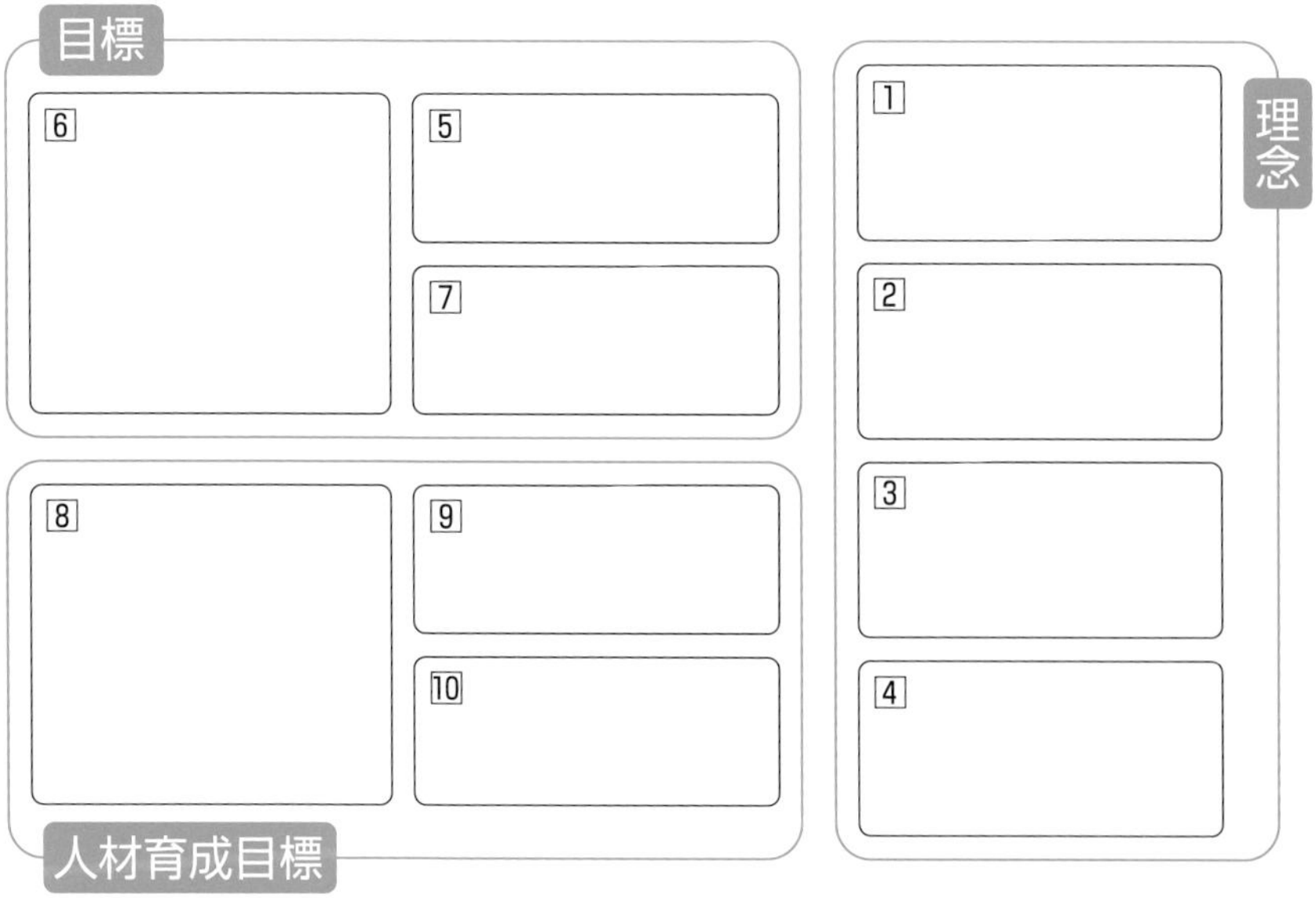

# 2 「ビジョン実現シート」を作成する

## 4つの「理念」で自社の価値をわかりやすく伝える

それでは、**【理念】**ブロックで作成する4つの項目について、その考え方と位置づけを解説していきましょう。

**1 経営理念** 自社は何のために存在するのか、どこを目指すのか、その最終目的地。

**2 基本方針** 「経営理念」に向かって組織が成長していくために、どんな考え方、姿勢で事業を行なっていくのか。その過程で自社がまわりにどんな影響を与え、どのように貢献していくのかを示したもの。

**3 行動理念** 「基本方針」にそって事業を推進し、「経営理念」に近づいていくために、全社員に求められる考え方、行動。

**4 人事理念** 会社の人材に対する根本的な考え方、人材育成の指針となるもの。

この10年近くで「経営理念」の重要性が浸透してきたおかげで、中小企業でもこれを掲げる会社が増えてきました。しかし、まだまだその実践や成果に結びつきにくい定め方をしている企業が多いのも事実です。

代表的な例が、いろいろな要素を盛り込んでかなり長い文章や複数の項目で「経営理念」を表現しているものです。

「経営理念」は、自社の存在価値で、事業を通じて目指す最終的な目的地、ゴールですから、1つしかないはずです。また、それはできるだけシンプルな表現としたほうが社員も覚えやすく、つねに意識し、行動に結びつく可能性も高まります。

**「経営理念」そのものは一文でシンプルにすることをお勧めします。**

これに加えて、3つの理念「基本方針」「行動理念」「人事理念」を定めることで、基本的な会社の考え方や姿勢をわかりやすく発信できるようになります。

繰り返しますが、まず**1経営理念**で、自社はなんのために存在するのか、その存在と活動を通じて社会にどう貢献していくのかをはっきり示します。

しかし、そこに行き着くまでに、なりふりかまわずどんな考え方や手段をとってもよいかというと、そんなことはありません。もし、そんな会社があれば顧客や社会からは認められずに発展することはないでしょう。

「経営理念」に向けて自社が成長していく指標とする考え方を示すのが**2基本方針**です。これを「顧客」「商品」「社員」「会社」「取引先（関係先）」「地域・社会」などに対して、どんな姿勢、考え方でかかわり、影響を与え貢献していくのかを言葉にしてまとめます。

次に、社員に求める行動の指針となる考え方、姿勢を「行動理念」として定めます。**3行動理念**は、「基本方針」で定めた項目それぞれに対して、社員がどのような考え方で行動すればよいのかを定めます。

たとえば、組織が「顧客に対する方針」を実行、実現するために社員はどう行動すべきか、という視点で考え、これを明文化していきます。

**4人事理念**は、会社の人材に対する根本的な考え方として、人材育成の指針として掲げます。行動理念にそって行動しながら基本方針を実践し、経営理念を実現する人材づくりを推進していくには、どんな考え方で育成していくのかという視点で考えるとよいでしょう。

このように、「理念」を4項目とし、それぞれの位置づけと役割を明確にすることによって社員の理解度が深まり、浸透、実践させやすくなります。人事理念をもとに社員を育成し、全社員が行動理念にそって行動できるようになると、会社が基本方針どおりに動いていることにつながり、経営理念に向かって進んでいくことができるのです。

## 会社を成長させる「理念」の構成

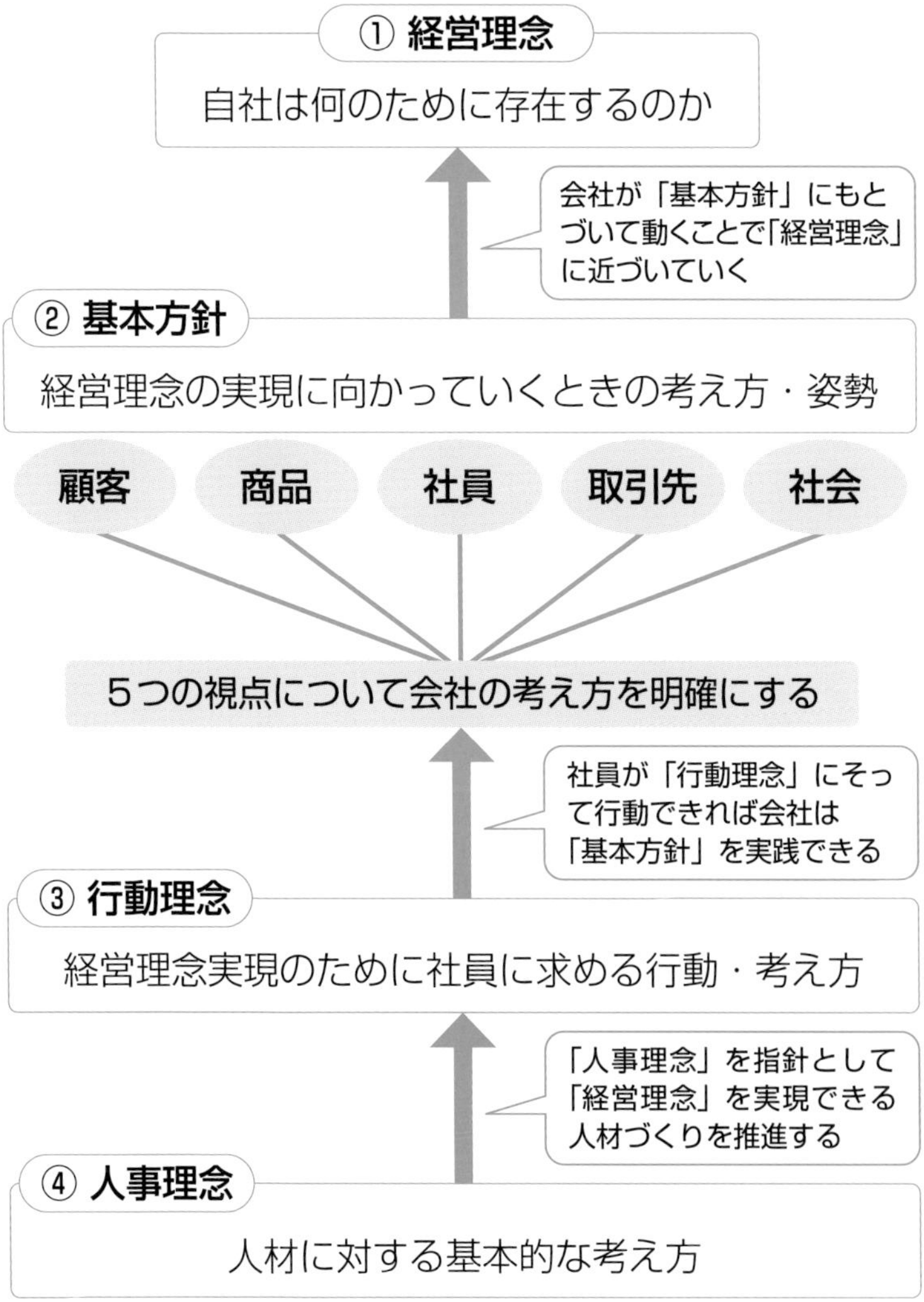

① 経営理念
自社は何のために存在するのか
会社が「基本方針」にもとづいて動くことで「経営理念」に近づいていく
② 基本方針
経営理念の実現に向かっていくときの考え方・姿勢
顧客
商品
社員
取引先
社会
5つの視点について会社の考え方を明確にする
社員が「行動理念」にそって行動できれば会社は「基本方針」を実践できる
③ 行動理念
経営理念実現のために社員に求める行動・考え方
「人事理念」を指針として「経営理念」を実現できる人材づくりを推進する
④ 人事理念
人材に対する基本的な考え方

## 3つの「目標」で10年後の未来とそのプロセスを描く

「理念」ができたら、そこに到達するまでの通過点「ビジョン」を掲げ、そのプロセスを「10カ年事業計画」として定量化して具体的に示します。これを達成するための打ち手を「戦略」として明確にします。

「ビジョン」「10カ年事業計画」「戦略」の3つを作成するのが**【目標】**ブロックです。

**5 ビジョン**

10年後の自社のあるべき姿を明確にしたもの。定量的な数値で表現したものと定性的なことばで表したビジョンがあるほうがわかりやすい。社員がワクワク感をもって内発的に目指したいと思えるようなものが理想。

**6 10カ年事業計画**

10年後までの数値目標を損益計算書で明示する。売上はその内訳を明確にすることで、どうやって将来の売上をつくっていくのかその手段を示す。人員計画も盛り込み、目標とする生産性（1人あたりの粗利益）も社員全員で共有する。「研修・教育費」「採用費」「広告・販促費」「システム・IT投資」の4つを将来投資として決めるのが重要。

**7 戦略**

「10カ年事業計画」を実現するための打ち手、手段、手法を具体化。「基本戦略」と「個別戦略」を定める。第3章でくわしく解説。

## 理想の人材を育てる3つの「人材育成目標」

現状のレベルに対して、10年後の「ビジョン」実現のためにはどんな人材に成長する必要があるのかを明確にしたものを明示したものが**【人材育成目標】**ブロックです。

まず、「現状の人材レベル」を分析したうえで「10年後の社員人材像」を定めます。そこへ到達するための取り組みや身に着けてほしい能力を「ギャップを埋めるために必要な課題」として洗い出します。

8 **現状の人材レベル**
社員の現状の「強み・長所」「弱み・課題」を洗い出す。これを「意識面」と「実務面」で分類し、マトリクスでまとめる。経営計画で示すことで社員に意識づけをうながす。

9 **10年後の社員人材像**
「10カ年事業計画」を達成し、「ビジョン」に到達したときの人材像を明確にする。「リーダー」「全社員」に求めるレベルを設定する。

10 **ギャップを埋めるために必要な課題**
「現状の人材レベル」と「10年後の社員人材像」の間にある差（ギャップ）を埋めるための課題と、どんなことに取り組んでいく必要があるのかを明確にしたもの。

（単位；百万円）

| 第14期 | | 第15期 | | 第16期 | | 第17期 | | 第18期 | | 第19期 | | 第20期 | |
|---|---|---|---|---|---|---|---|---|---|---|---|---|---|
| 27/4～2028/3 | | 2028/4～2029/3 | | 2029/4～2030/3 | | 2030/4～2031/3 | | 2031/4～2032/3 | | 2032/4～2033/3 | | 2033/4～2034/3 | |
| 1,240 | 106.7% | 1,374 | 110.8% | 1,409 | 102.5% | 1,513 | 107.4% | 1,627 | 107.5% | 1,758 | 108.1% | 2,003 | 113.9% |
| 381 | 30.7% | 183 | 13.3% | 51 | 3.6% | 51 | 3.4% | 0 | 0.0% | 0 | 0.0% | 0 | 0.0% |
| 687 | 55.4% | 872 | 63.5% | 991 | 70.3% | 1,008 | 66.6% | 1,010 | 62.1% | 1,042 | 59.3% | 1,050 | 52.4% |
| 154 | 12.4% | 244 | 17.8% | 278 | 19.7% | 362 | 23.9% | 502 | 30.9% | 560 | 31.9% | 682 | 34.0% |
| 18 | 1.5% | 75 | 5.5% | 89 | 6.3% | 92 | 6.1% | 115 | 7.1% | 156 | 8.9% | 271 | 13.5% |
| 74 | 6.0% | 26 | 1.9% | 4 | 0.3% | 0 | 0.0% | 0 | 0.0% | 0 | 0.0% | 0 | 0.0% |
| 739 | 59.6% | 812 | 59.1% | 803 | 57.0% | 891 | 58.9% | 978 | 60.1% | 1,071 | 60.9% | 1,202 | 60.0% |
| 427 | 34.4% | 536 | 39.0% | 602 | 42.7% | 622 | 41.1% | 649 | 39.9% | 687 | 39.1% | 801 | 40.0% |
| 0 | 0.0% | 0 | 0.0% | 0 | 0.0% | 0 | 0.0% | 0 | 0.0% | 0 | 0.0% | 0 | 0.0% |
| 0 | 0.0% | 0 | 0.0% | 0 | 0.0% | 0 | 0.0% | 0 | 0.0% | 0 | 0.0% | 0 | 0.0% |
| 829 | 66.9% | 899 | 65.4% | 916 | 65.0% | 974 | 64.4% | 1,044 | 64.2% | 1,045 | 59.4% | 1,174 | 58.6% |
| 411 | 33.1% | 475 | 34.6% | 493 | 35.0% | 539 | 35.6% | 583 | 35.8% | 713 | 40.6% | 829 | 41.4% |
| 141 | 11.4% | 160 | 11.6% | 171 | 12.1% | 184 | 12.2% | 188 | 11.6% | 201 | 11.4% | 215 | 10.7% |
| 243 | 19.6% | 273 | 19.9% | 275 | 19.5% | 302 | 20.0% | 326 | 20.0% | 358 | 20.4% | 402 | 20.1% |
| 10 | 0.8% | 11 | 0.8% | 12 | 0.9% | 14 | 0.9% | 15 | 0.9% | 15 | 0.9% | 15 | 0.7% |
| 10 | 0.8% | 12 | 0.9% | 12 | 0.9% | 15 | 1.0% | 17 | 1.0% | 20 | 1.1% | 17 | 0.8% |
| 12 | 1.0% | 12 | 0.9% | 13 | 0.9% | 16 | 1.1% | 20 | 1.2% | 24 | 1.4% | 20 | 1.0% |
| 10 | 0.8% | 10 | 0.7% | 10 | 0.7% | 12 | 0.8% | 15 | 0.9% | 15 | 0.9% | 15 | 0.7% |
| 384 | 31.0% | 433 | 31.5% | 446 | 31.7% | 486 | 32.1% | 514 | 31.6% | 559 | 31.8% | 617 | 30.8% |
| 27 | 2.2% | 42 | 3.1% | 47 | 3.3% | 53 | 3.5% | 69 | 4.2% | 154 | 8.8% | 212 | 10.6% |
| 0 | 0.00% | 0 | 0.00% | 0 | 0.00% | 0 | 0.00% | 0 | 0.00% | 0 | 0.00% | 0 | 0.00% |
| 5 | 0.40% | 8 | 0.58% | 8 | 0.57% | 12 | 0.79% | 12 | 0.74% | 11 | 0.63% | 10 | 0.50% |
| 22 | 1.8% | 34 | 2.5% | 39 | 2.8% | 41 | 2.7% | 57 | 3.5% | 143 | 8.1% | 202 | 10.1% |
| 34.3% | | 33.7% | | 34.7% | | 34.1% | | 32.2% | | 28.2% | | 25.9% | |
| 15.2 | | 17.0 | | 17.6 | | 18.0 | | 18.8 | | 21.6 | | 24.4 | |
| 5.2 | | 5.7 | | 6.1 | | 6.1 | | 6.1 | | 6.1 | | 6.3 | |
| 15 | | 15 | | 15 | | 17 | | 17 | | 19 | | 19 | |
| 5 | | 5 | | 5 | | 5 | | 6 | | 5 | | 5 | |
| 5 | | 6 | | 6 | | 6 | | 6 | | 7 | | 7 | |
| 2 | | 2 | | 2 | | 2 | | 2 | | 2 | | 3 | |
| 27 | | 28 | | 28 | | 30 | | 31 | | 33 | | 34 | |

# 10カ年事業計画事例

| | | | | 成長率 | 当期 | | 第11期 | | 第12期 | | 第13期 | |
|---|---|---|---|---|---|---|---|---|---|---|---|---|
| | | | | | 2023/4～2024/3 | | 2024/4～2025/3 | | 2025/4～2026/3 | | 2026/4～2027/ | |
| ① | 売上高 | | 前年比 | 209.1% | 958 | | 1,011 | 105.5% | 1,081 | 112.8% | 1,162 | 107.5 |
| 売上高内訳（構成比） | 業界別 | 業界 A | | − | 755 | 78.8% | 743 | 73.5% | 684 | 63.3% | 542 | 46.6 |
| | | 業界 B | | − | 203 | 21.2% | 268 | 26.5% | 373 | 34.5% | 507 | 43.6 |
| | | 業界 C | | − | 0 | 0.0% | 0 | 0.0% | 24 | 2.2% | 113 | 9.7 |
| | | 業界 D | | − | 0 | 0.0% | 0 | 0.0% | 0 | 0.0% | 0 | 0.0 |
| | 商品別 | 商品 a | | − | 548 | 57.2% | 543 | 53.7% | 426 | 39.4% | 244 | 21.0 |
| | | 商品 b | | − | 254 | 26.5% | 269 | 26.6% | 397 | 36.7% | 592 | 50.9 |
| | | 商品 c | | − | 85 | 8.9% | 92 | 9.1% | 195 | 18.0% | 311 | 26.8 |
| | | 商品 d | | − | 51 | 5.3% | 65 | 6.4% | 37 | 3.4% | 12 | 1.0 |
| | | 商品 e | | − | 42 | 4.4% | 42 | 4.2% | 26 | 2.4% | 3 | 0.3 |
| ② | 原価 | | | 166.8% | 704 | 73.5% | 731 | 72.3% | 765 | 70.8% | 796 | 68.5 |
| ③ | 粗利益 | | ①−② | 326.4% | 254 | 26.5% | 280 | 27.7% | 316 | 29.2% | 366 | 31.5 |
| ④ | 人件費 | | | 224.0% | 96 | 10.0% | 104 | 10.3% | 112 | 10.4% | 128 | 11.0 |
| ⑤ | その他経費 | | | 259.4% | 155 | 16.2% | 171 | 16.9% | 190 | 17.6% | 223 | 19.2 |
| | | 研修・教育費 | | − | 0 | 0.0% | 5 | 0.5% | 7 | 0.6% | 8 | 0.7 |
| | | 採用費 | | − | 0 | 0.0% | 3 | 0.3% | 5 | 0.5% | 7 | 0.6 |
| | | 広告・販促費 | | − | 0 | 0.0% | 2 | 0.2% | 5 | 0.5% | 12 | 1.0 |
| | | システム・IT投資 | | − | 0.5 | 0.1% | 1 | 0.1% | 8 | 0.7% | 10 | 0.9 |
| ⑥ | 販管費計 | | ④+⑤ | 245.8% | 251 | 26.2% | 275 | 27.2% | 302 | 27.9% | 351 | 30.2 |
| ⑦ | 営業利益 | | ③−⑥ | 7066.7% | 3 | 0.3% | 5 | 0.5% | 14 | 1.3% | 15 | 1.3 |
| ⑧ | 営業外収益 | | | − | 0 | 0.00% | 0 | 0.00% | 0 | 0.00% | 0 | 0.00 |
| ⑨ | 営業外費用 | | | − | 2 | 0.21% | 3 | 0.30% | 5 | 0.46% | 5 | 0.43 |
| ⑩ | 経常利益 | | ⑦+⑧−⑨ | 20200.0% | 1 | 0.1% | 2 | 0.2% | 9 | 0.8% | 10 | 0.9 |
| ⑪ | 労働分配率 | | ④／③ | 68.6% | 37.8% | | 37.1% | | 35.4% | | 35.0% | |
| ⑫ | 1人当たり粗利益額（生産性） | | ③／⑭ | 201.6% | 12.1 | | 12.7 | | 13.7 | | 14.6 | |
| ⑬ | 1人当たり人件費 | | ④／⑭ | 138.3% | 4.6 | | 4.7 | | 4.9 | | 5.1 | |
| 人員計画（単位：人） | 営業部 | | | | 10 | | 11 | | 12 | | 14 | |
| | 商品開発部 | | | | 4 | | 4 | | 4 | | 4 | |
| | 業務部 | | | | 5 | | 5 | | 5 | | 5 | |
| | 管理部 | | | | 2 | | 2 | | 2 | | 2 | |
| | ⑭　合計 | | | | 21 | | 22 | | 23 | | 25 | |

この**【人材育成目標】**ブロックの3項目は、一般的な経営計画や事業計画には盛り込まれていない場合が多いです。

しかし、繰り返しますが**「ビジョン」を実現するためには人材の成長が不可欠**です。ここを明確にしていないと、成長に向けた具体的な取り組みは個人まかせ、あるいは各リーダーの指導力や考え方でまちまちになってしまいます。

そうなると、成長できない社員や間違った方向に成長してしまう社員が出てきます。その結果、会社が求める人材レベルへの成長スピードは鈍化し、ビジョンの実現は先延ばしとなってしまいます。

さらに、**「人材育成目標」を「評価基準」（第5章で作成）に落とし込み、評価制度で運用することで全社員を理想の人材に導いていくことができる**ので欠かすことのできない項目です。

ここで掲げる「10年後の社員人材像」に向かって全社員が成長していかなければ、会社が戦略で成果を上げ続けることもできなくなるといえます。しっかり課題を抽出するとともに、社員の成長に応じて定期的（2〜3年ごと）に見直すこともポイントです。

なお、「経営計画」の考え方と作成手順は、拙著『図解　小さな会社は経営計画で人を育てなさい！』（あさ出版）でさらにくわしく解説していますので、あわせてご活用ください。

## 現状の人材レベルを整理する

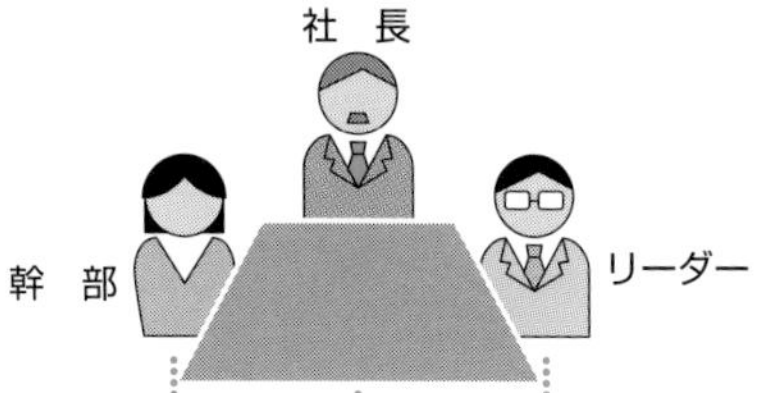


**社長・幹部・リーダーが考えたものを一覧にする**

| 強み・長所 | 弱み・短所・問題点 |
| --- | --- |
| ・明るい<br>・元気<br>・チームワークがよい<br>・まじめ<br>・指示すればできる<br>・素直<br>・多くの仕事をこなす<br>・一生懸命に取り組む<br>・協調性がある<br>・接客対応力がある<br>・相手に配慮できる | ・マイナス思考<br>・自己啓発していない<br>・報･連･相が遅い<br>・自責で物事を考えない<br>・整理整頓ができない<br>・指示待ちが多い<br>・ネガティブな言動が多い<br>・商品知識がない<br>・地域に貢献できていない<br>・仕事の段取りが悪く、効率が悪い<br>・時間管理ができない<br>・数字に弱い<br>・目標への執着心が弱い<br>・継続力が不足<br>・向上心が低い<br>・部下にまかせきり<br>・部下指導不足<br>・放任している |

**整理し、自社の現状としてまとめる**

| | 意識面 | 実務面 |
| --- | --- | --- |
| 強み | ・明るい<br>・まじめ<br>・一生懸命に取り組む<br>・協調性がある<br>・素直<br>・元気 | ・接客対応力がある<br>・相手に配慮できる<br>・多くの仕事をこなす<br>・指示すればできる<br>・チームワークがよい |
| 課題 | ・マイナス思考<br>・目標への執着心が弱い<br>・後ろ向きの言動<br>・成長意欲が不足<br>・現状に満足している<br>・自己啓発していない | ・継続力が不足<br>・報・連・相ができない<br>・指示待ちが多い<br>・企画力不足<br>・時間管理ができない |

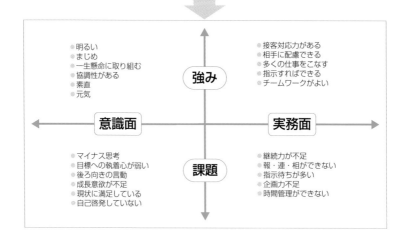

## ギャップを埋めるために必要な課題

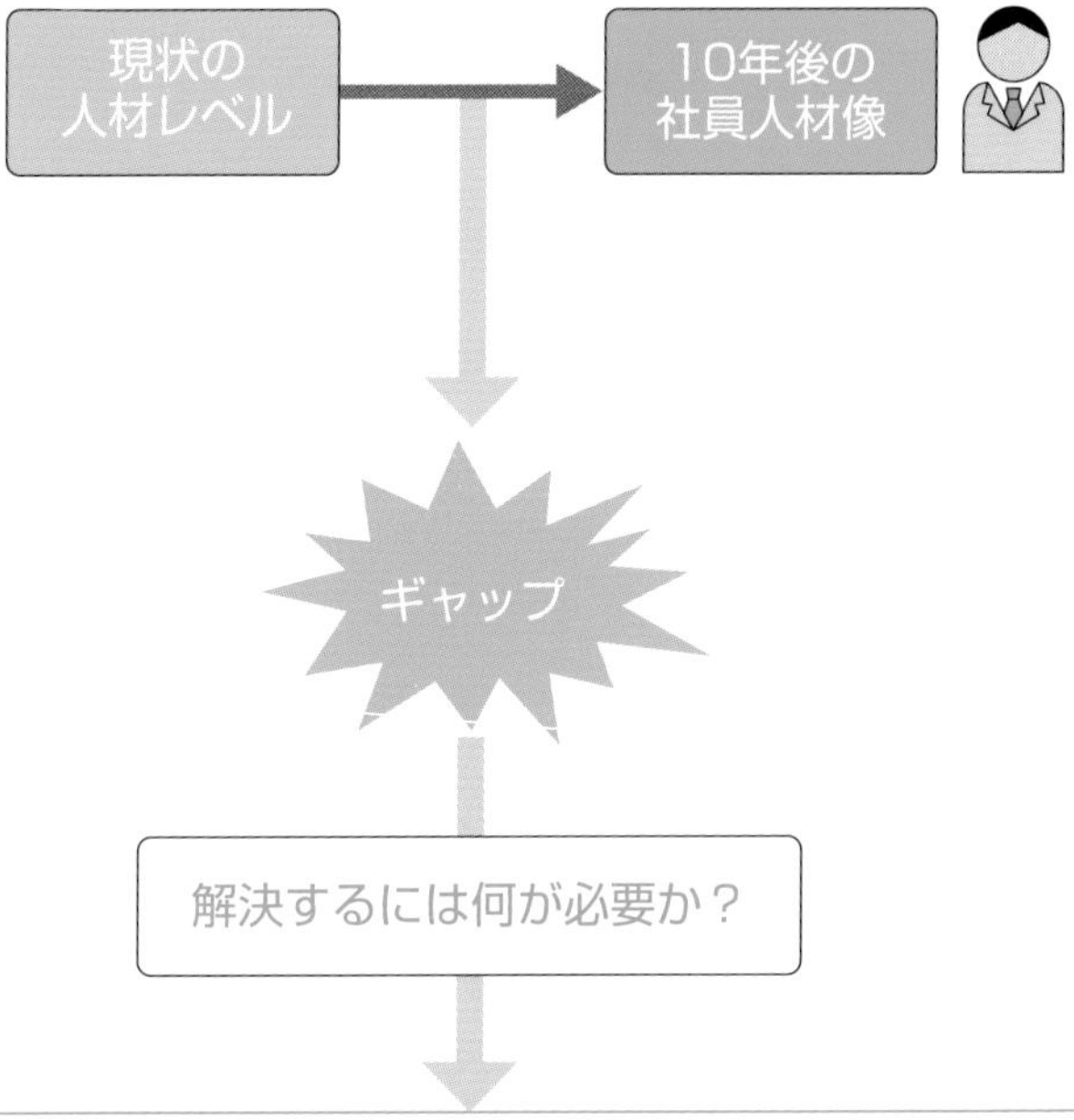


| | |
|---|---|
| リーダー | ●理念にもとづいた指導ができる |
| | ●目標を最後まで達成しようとする執着心 |
| | ●PDCA を精度高くまわせる力 |
| | ●ヒト・モノ・カネ・情報を活用できるマネジメント力 |
| 全社員 | ●成長に向けてチャレンジしている |
| | ●数字を根拠に物事を考えられる |
| | ●計画とスケジュール管理ができる |

## 「10年後の社員人材像」を具体化する

10カ年事業計画
ビジョン
戦略

実行実現のために不足しているもの

現状の人材レベルで解決してもらう必要があるもの

↓

| | |
|---|---|
| リーダー | 経営者意識、理念の理解と実践、目標達成の意欲、リーダーシップ、やりきる力、チャレンジ、本気度、危機意識、部下のお手本 |
| 全社員 | 理念の理解、チャレンジ、情熱·熱意、積極性、プラス思考·言動、提案・企画力、アイデア、素直 |

関連するキーワードを統合しながら文書にまとめる

↓

| | |
|---|---|
| リーダー | 自社の理念・ビジョンを部門に浸透させせることができる人材 |
| | 目標の達成に向けて部門をまとめることができる人材 |
| | 戦略・アクションプランを部下を通じて実践できる人材 |
| | 目標に対して執着心を持って取り組み、成果を出せる人材 |
| 全社員 | 理念を理解し実践できる人材 |
| | 目標に対して執着心を持って取り組める人材 |
| | 自発的に考え、行動できる人材 |
| | 素直な心で改善を繰り返し、つねに向上を目指す人材 |
| | プラス思考で、積極的に課題解決にチャレンジできる人材 |

# 第3章

# そのまま使って「稼ぐ力」を高める20の戦略

# 1 戦略ラインナップと使い方

それでは、いよいよ戦略立案の手順について、具体的に解説していきます。

まず、82〜83ページの「20の戦略ラインナップ」をご覧いただき全体像をつかんでください。戦略には「基本戦略」と「個別戦略」があります。「基本戦略」では3つ、「個別戦略」は16〜20の戦略を作成していきます。本書では、3つの「基本戦略」と17の「個別戦略」を〝そのまま使える20の戦略〟としてご紹介しています。

それぞれに、具体的な事例を◆戦略事例としてご紹介しています。これを〝そのまま使う〟ことで、あなたの会社の戦略を60分で完成させることができます。

まず「基本戦略」は、◆戦略事例の表現をまったく変えずにそのまま使えるものが2つ。文章の一部を変更したほうがよいものが1つあります。くわしくは各戦略で解説します。

「個別戦略」は、【個別戦略1】〜【個別戦略17】として◆戦略事例を17項目ご紹介しています。個別戦略のほうは、**すべての戦略が事例の表現のままあなたの会社の戦略として使えるものとしています。この中で、【個別戦略9】のみ選択戦略です。**ほかはすべて中小企業が取り組むべき必須戦略です。あなたの会社の経営計画にもぜひそのまま盛り込んでください。

また、各**◆戦略事例**の次に**◆アクションプラン**というものがあります。

これは、第4章の2〝「アクションプラン」のPDCAが成長組織に導く〟で説明する戦略の実行で活用する戦略実行計画、アクションプランの実行項目です。

こちらも、そのまま使える表現としていますので、必須戦略のものはそのまま使うか、必要なアクションプランを加えて実行に移ってください。

選択した戦略・アクションプランは、経営計画（ビジョン実現シート）の**【目標】**ブロックに7**戦略**として盛り込みます（60～61ページ参照）。

80～83ページの図からもわかるように、**基本戦略、個別戦略、アクションプランは、アクションプランを推進することで個別戦略が実行され、基本戦略で掲げた状態に組織を導くという関係性です。**こうしてあなたの会社が生産性を上げながら成長し、収益性を高めることができます。

では、それぞれ、くわしく解説していきましょう。

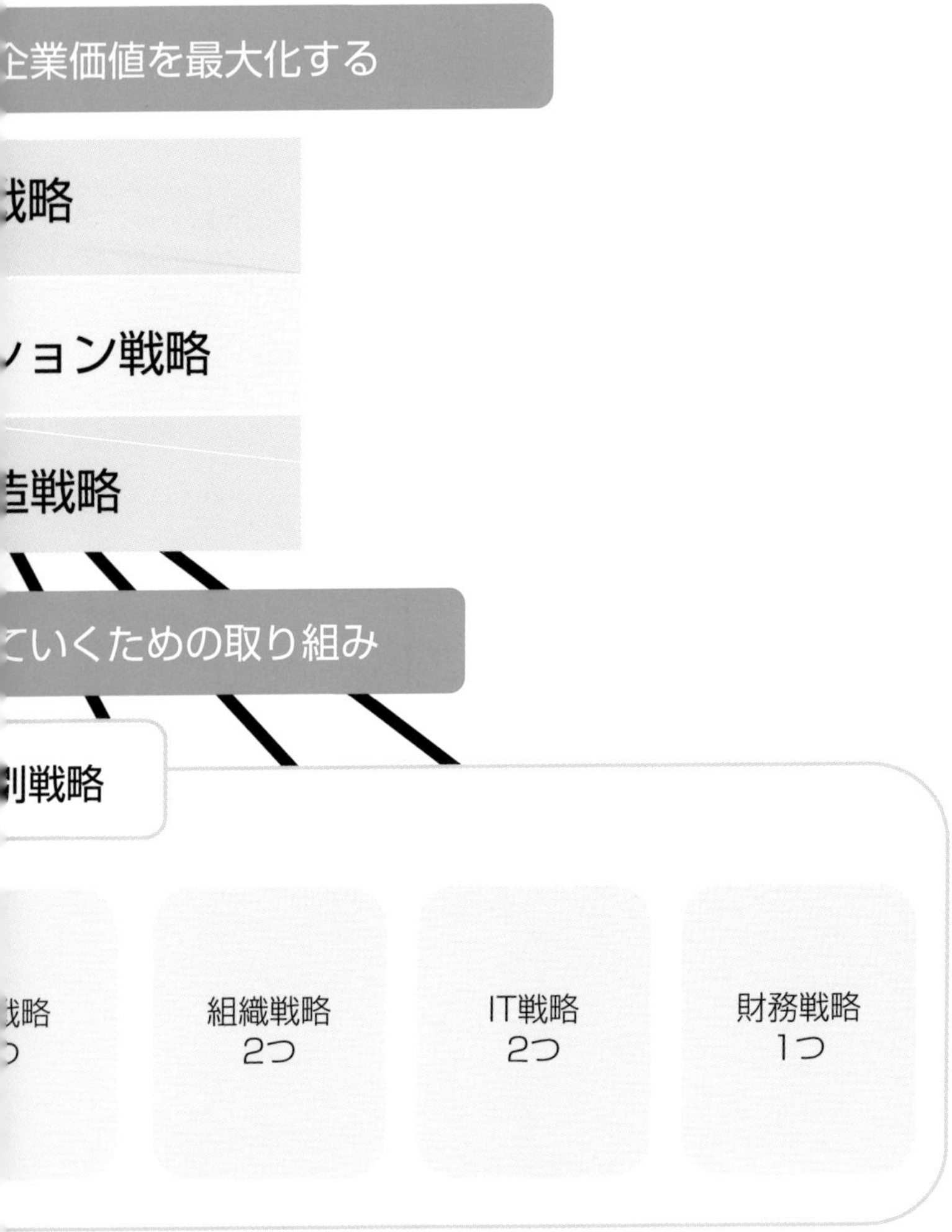
業価値を最大化する
略
ョン戦略
戦略
いくための取り組み
戦略
組織戦略
2つ
IT戦略
2つ
財務戦略
1つ

## 企業価値を最大化する20の戦略構成

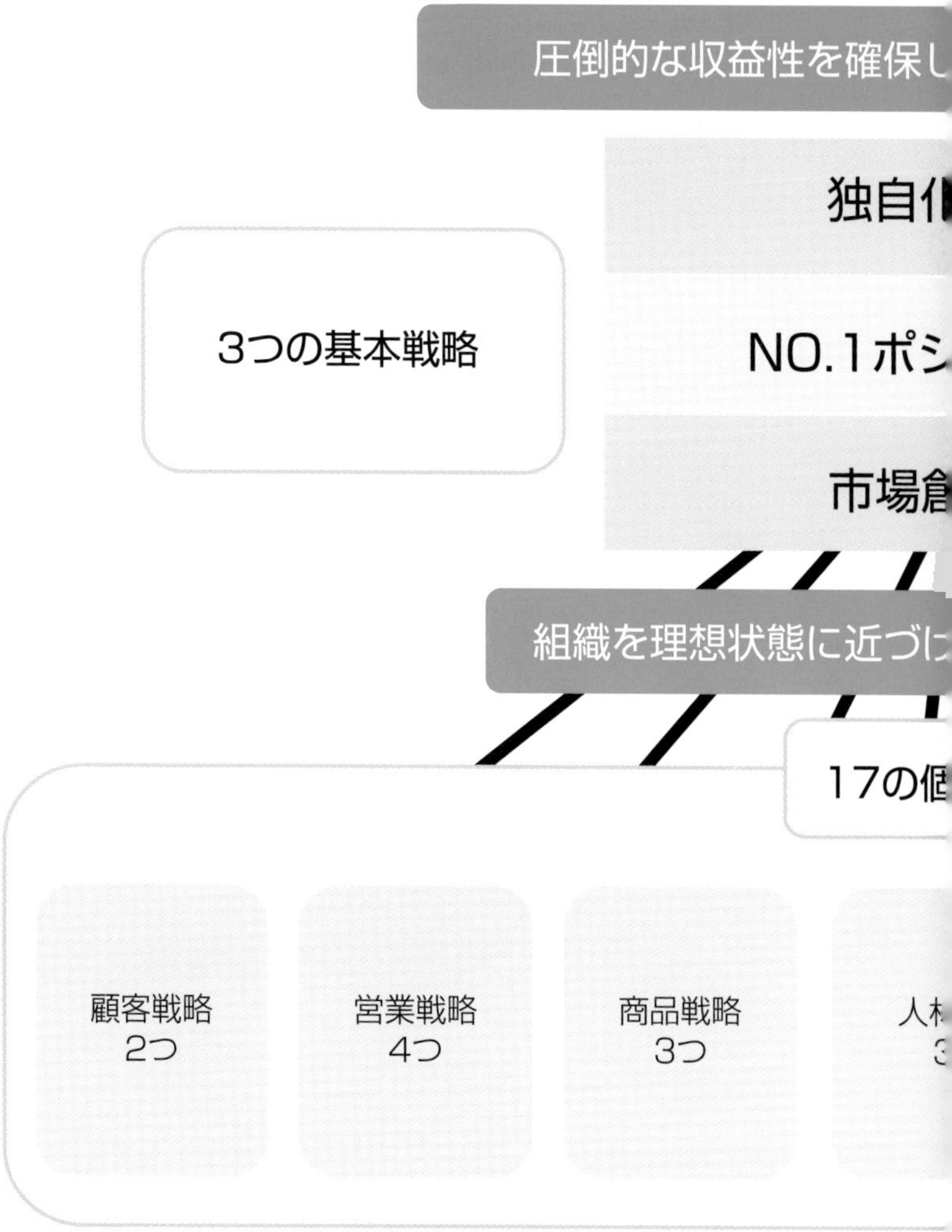

●３つの基本戦略

| | |
|---|---|
| 独自化戦略 | 高付加価値の自社しか提供できない商品・サービスをつくり、他社を寄せつけない状態を実現する |
| NO.1ポジション戦略 | NO.1となる市場を定め、圧倒的NO.1のポジションを実現し収益を最大化する |
| 市場創造戦略 | 自社独自の市場づくりを進め、競争がない独壇場の市場とし、圧倒的収益を確保する |

↓

圧倒的収益性
大企業をしのぐ生産性

17の個別戦略で３つの基本戦略が示す理想環境に組織を導くことができる

# 20の戦略ラインナップ

## 17の個別戦略

### 〈1〉顧客戦略

【1】顧客情報管理・活用の仕組み
【2】顧客育成の仕組みづくり

### 〈2〉営業戦略

【3】営業プロセスの標準化
【4】営業ツールの整備と活用
【5】広告・プロモーションの推進
【6】自社デザイン化の推進

### 〈3〉商品戦略

【7】商品・サービス開発
【8】商品分析・ランクづけ
【9】生産体制の確立

### 〈4〉人材戦略

【10】人事評価制度の構築・運用
【11】戦略的採用の推進
【12】計画的教育・研修の推進

### 〈5〉組織戦略

【13】会議・コミュニケーションルールの仕組みづくり
【14】マニュアル・手順書の整備、活用

### 〈6〉IT戦略

【15】ホームページ、SNSの活用
【16】社内システムの整備

### 〈7〉財務戦略

【17】目標達成状況把握・分析

# 2 3つの「基本戦略」が組織を理想環境に導く

**基本戦略は、あなたの会社を〝究極の理想環境〟に近づけていくことが目的です。**この理想環境に近づいていけばいくほど競合他社を圧倒し、大企業をしのぐ生産性を稼ぎ出し続けることができます。

究極の理想環境とは、**「完全独占市場」**です。

つまり、基本戦略は、あなたの会社が属している市場や業界で自社を独占状態に近づけることで収益を高めていくことが目的です。

〝市場の独占度合いが高まるほど収益も増加する〟という考え方は、感覚的には理解できると思いますが、なぜそうなるのかお伝えしておきましょう。

まず、完全独占市場の正反対はどういう状況か考えてみましょう。競合他社が無数にひしめきあい、極めて競争が激しい状態です。この究極の競争状態の市場を**完全競争市場**といいます。完全競争市場には3つの条件があります。

**条件1**　市場に無数の競争相手がいて、自社が市場価格に影響を与えることができない。つまり、価格は市場で決められてしまい、自社が価格を決定したり、コントロールできない。

**条件2**　参入障壁（コスト）がなく、撤退障壁もない。つまり、どんな会社がいつでも市場に参入できるし、撤退もできて、どちらにもたいしたコストがかからない。

**条件3**　各企業の商品・サービスが、同質で差別化されていない。つまり、どこの会社の商品を買ってもまったく同じ質のものなので、顧客はどの企業で買っても変わらない。

完全競争の市場では、企業側では価格をコントロールすることができず、自社がいくら努力しても、ギリギリでやっていけるだけの利益を上げるのが精一杯という状態です。誰もが、こんな市場では商売をしたくないと思うでしょう。

ただし、これは理論上の話で、現実世界では完全競争の状態を１００％満たしている業界はありません。近い状態にあるのはガソリン小売市場などです。イメージしていただくとわかりやすいのですが、儲かってどんどん成長しているガソリンスタンドは存在しないでしょう。

一方、完全競争の条件1・2・3の真逆を満たしたのが「完全独占市場」です。つまり、市場には自社だけしか存在せず、自由に価格をコントロールでき、他社は参入できずに、１社だけなので差別化もする必要がない。

まさに理想の状態ですね。しかし、これも理論上の空想で完全に当てはまる業界や企業はありません。パソコンのオペレーティング・システムのマイクロソフトや、コカコーラとペプシがほぼ独占するコーラの市場などが、独占に近い市場といえますが、完全ではありません。

しかし、完全独占でなくても、それに近い状態を築くことができれば大きな収益を獲得することができます。ウィンドウズユーザーなら、マイクロソフトがバージョンアップをしたり、旧バージョンのサポートをやめてしまうたびに高いお金を払ってバージョンアップせざるを得なかった、という経験をお持ちでしょう。まさに私たちはバージョンアップするかどうかをマイクロソフトによってコントロールされ、思惑どおりに収益に貢献させられたのです。

この「完全独占市場」という理想の状態を目指して取り組んでいくのが、「独自化」「NO.1ポジション」「市場創造」という3つの基本戦略です。

自社にしかない独自の商品・サービスが高い価値を持っているため顧客に熱烈に支持され（独自化）、業界では圧倒的NO.1のポジションを維持し続け（NO.1ポジション）、これまでにない価値を世の中に提供することで新しい客層、マーケットのカテゴリーを開拓し確立することで市場をも自ら創造する（市場創造）。

**この3つを追求し続けることで、あなたの会社は完全独占に近づいていき、収益性を確実に高めていくことができるのです。**

## ３つの基本戦略で完全独占市場を目指す

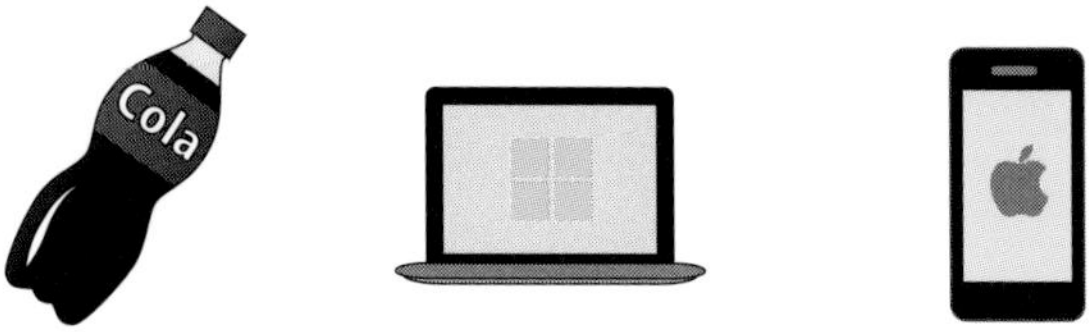


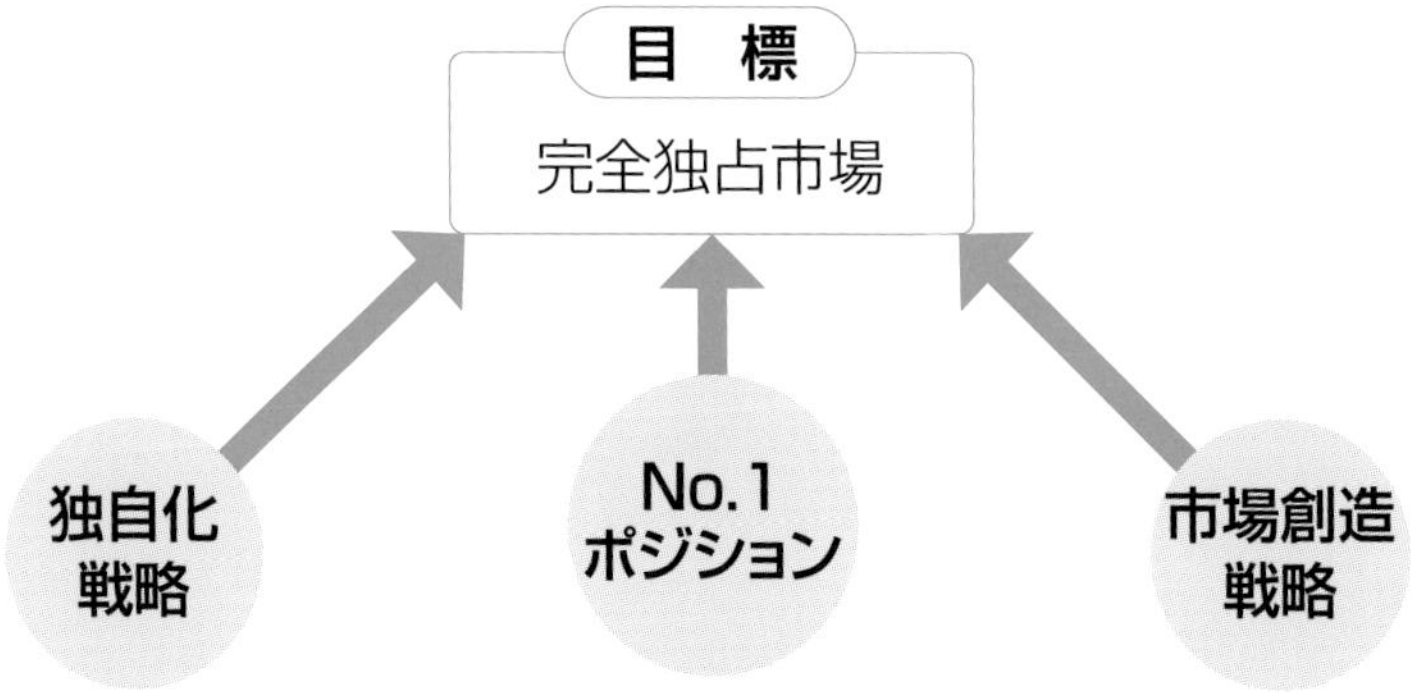


**３つの戦略で**

- 市場に自社しか存在しない
- 価格をコントロールできる
- 他社が参入しない

**完全独占市場に近づく＝収益性拡大**

## 基本戦略1　独自化戦略

前項で見てきたように、完全独占市場では市場の中に自社のみしか存在しません。

繰り返しますが、この環境を100％満たした市場は存在しませんし、いくら大企業でも実現した企業はありません。

しかし、できるだけこの状態に近づくことは中小企業でもできます。そのために、独自の商品・サービスづくりを進めます。自社にしかない商品・サービスがあれば、そのカテゴリーの中では唯一自社しか存在しないという状態をつくることができるからです。

独自化のポイントは3つです。

1つ目は、あくまでも**差別化ではなく独自化**だということです。

有効な戦略の考え方として、これまでセオリーとして語られてきたのが差別化でした。他社とは異なった機能やデザインなどで優位性を打ち出し、顧客を獲得していこうとする戦略です。

しかし、「ビジョン実現型人事評価制度®」が目指す状態は、そのレベルではなく、独自化です。

スタートは、差別化を図っていくことから取り組んでもよいのですが、最終的には唯一オリジナルのどこにも存在しない商品・サービスを目指します。

2つ目は、**その商品・サービスの課題解決力が高く、高付加価値であること**です。いくら他社にはない商品を開発しても、顧客に支持してもらわないと売れないからです。顧客の課題が解決でき、顧客が支払った金額を上まわる価値のあるものでなければ、自社の収益を高められる商品・サービスとはならないでしょう。

3つ目は、**「商品・サービス」を「商品・サービスそのもの」としてとらえないこと**です。

少しわかりにくい表現ですね。事例をいくつかあげてみましょう。

たとえば、工務店が家を引き渡したあとの点検・不具合の無料アフター対応サービスや独自の保証サービス。文房具・事務機器販売店の来店客に対するヒアリングによる課題の把握とそれを解決する商品提案力。枕の販売店が売ったあとに睡眠状況に応じて行なうアドバイスや調整など。

「点検・不具合の無料対応」「ヒアリングと課題解決提案」「睡眠状況に応じたアドバイスや調整」は、いずれも「商品・サービスそのもの」ではありません。

しかし、顧客はこれらを企業側から受けるサービスの一環としてとらえます。つまり、商品・サービスそのもの以外でプラスアルファのサービスを考え出し、提供すれば、自社独自の商品・サービスを簡単に生み出すことができるのです。しかも、こうしたプラスアルファのサービスはお金をかけずに商品化できるものが多いです。

まさに、中小企業にうってつけの独自化手法なのです。

それでは、独自化戦略の定め方の事例をご紹介しましょう。

【戦略事例】

自社商品・サービスの独自化を推進、唯一ここでしか手に入らないものとし、競合他社を寄せつけない体制を市場で確立することで圧倒的収益を確保する

この表現をご覧いただくとおわかりいただけると思いますが、独自化戦略事例は、ほぼこのままの表現でどんな会社でも活用できます。

あなたの会社の目指す独自化の方向性にマッチした表現かどうかを確認し、必要に応じて修正を加えて独自化戦略として定めましょう。

## 独自化戦略

**唯一無二の商品・サービス**

※完全独占を目指す絶対条件

↑

開発のポイント

1. 独自化
差別化レベルではダメ。完全オリジナル

2. 高付加価値
顧客の課題解決力が高く支持される

3. 商品そのもの以外を付加
アフターサービスやプラスアルファの情報・アドバイスなど

**現状商品・サービス**

**自社にしかない完全オリジナルの商品・サービスが収益性を高める**

基本戦略2

## NO.1ポジション戦略

「NO.1ポジション戦略」で、自社がNO.1を目指すターゲットとする市場を明確にします。圧倒的な収益を獲得するためには、市場でダントツのNO.1になることが必要だからです。NO.2やNO.3とNO.1では利益に大きな差が出ます。

とはいえ私たち中小企業は、経営資源が限られているため、大きな市場でNO.1を目指すのは得策ではありません。そこで、次のようなポイントをふまえて自社の目指すべきポジションを明確にしてください。

まず、市場を小さく区分するということです。区分する切り口は、客層、地域、商品、金額、品質などです。

たとえば、中小企業のリフォーム会社が日本全体のリフォーム市場でNO.1となるのは不可能ではないかもしれませんが、難易度は高く、大きな投資をともない相当長い年月を要するでしょう。

しかし、「東京の武蔵野市吉祥寺北町3〜5丁目の100万円以上のリフォーム工事でNO.1」とすると、大きく難易度は下がります。

次にポジションを定めるときに、すでにNO．1、もしくはそれに近い分野を探し、そこで圧倒的NO．1を目指すということです。現在強い分野でさらにシェアを高めるほうが、圧倒的NO．1となるためのお金も時間も少なくて済むからです。

このように、NO．1ポジション戦略は今、存在する市場の中でポジション（位置づけ）を決めるのではなく、**どこでNO．1を獲りにいくのか、その市場を自社で定めるという視点で**取り組んでください。結果、自社が定めたオリジナル市場となり独自性も高めていけるし、競合他社から見ても何を狙っているかがわからないという効果を得られます。

**【戦略事例】**
**中小企業の組織マネジメント、人材育成の仕組みづくりで圧倒的NO．1の地位を築き、「ビジョン実現型人事評価制度®」を成長・進化を目指す中小企業のプラットフォームとする**

この**【戦略事例】**は弊社の事例です。NO．1ポジション戦略は、各社が目指す市場はそれぞれなので、参考にしながら自社のものを作成してください。

弊社は、「成長・進化を目指す中小企業」として客層を絞り、商品は「ビジョン実現型人事評価制度®」のみとして市場をセグメントしています。

## No.1ポジション戦略

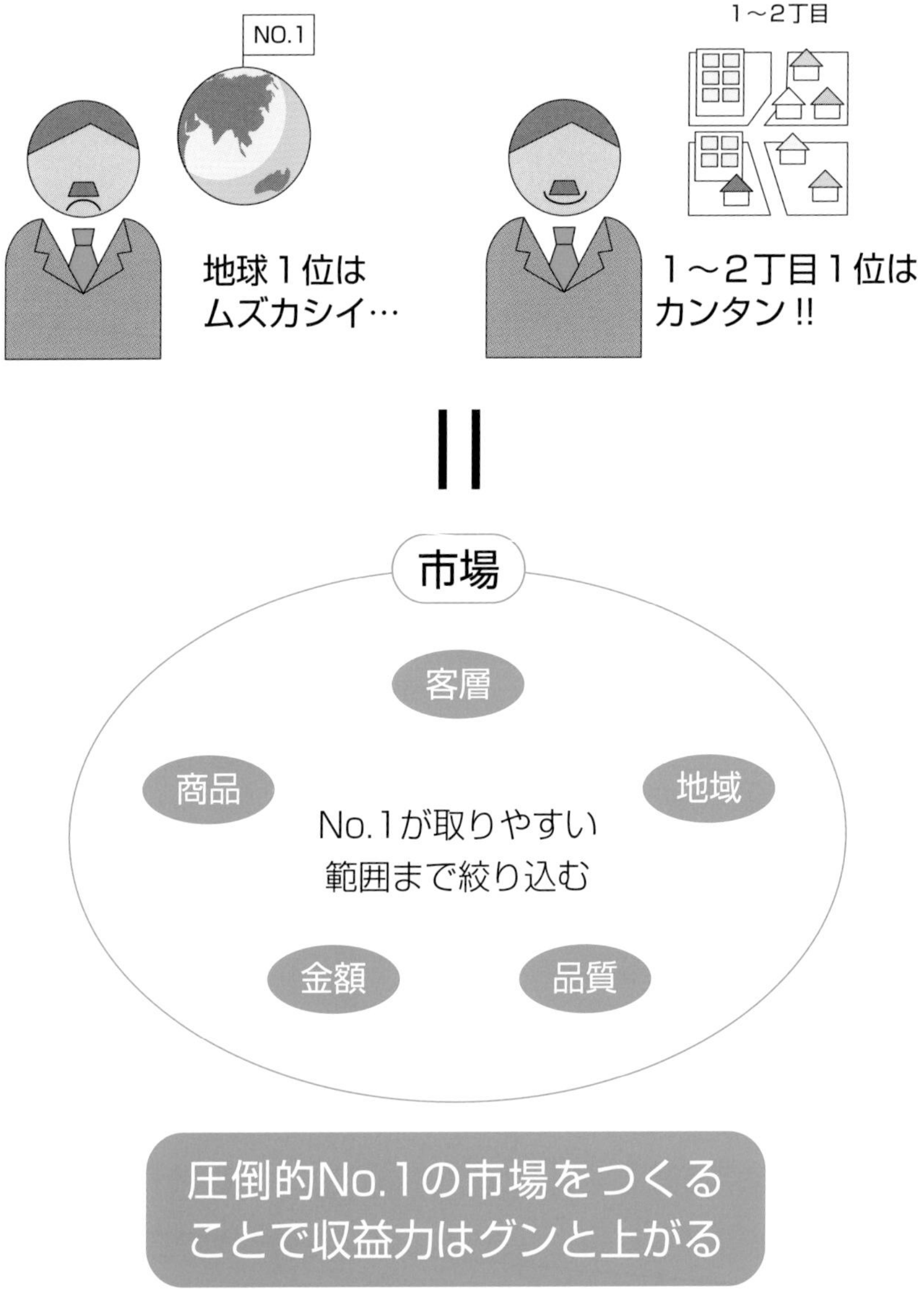
NO.1
1〜2丁目
地球1位は
ムズカシイ…
1〜2丁目1位は
カンタン!!
市場
客層
商品
地域
No.1が取りやすい
範囲まで絞り込む
金額
品質
圧倒的No.1の市場をつくる
ことで収益力はグンと上がる

## 基本戦略3　市場創造戦略

3つ目の基本戦略は、自分たちの手で市場を生み出していく「市場創造」にチャレンジしていく戦略です。1つ目の「独自化」を進めながら自社独自の市場をつくり出します。これを実現できた会社は、大きな収益を独占することができます。

といっても、どういう状態が「市場創造」なのか、わかりにくいと思いますのでもう少しくわしくご説明しておきましょう。

まず独自化戦略が成功し、完全オリジナルの独自商品・サービスを開発することが前提になります。この独自商品・サービスを顧客や見込み客にアピールし、支持してくれる顧客が一定数できれば、そこは自社だけでつくり出した市場となります。この市場を、これからお伝えする17の個別戦略で広げていくのです。

市場を自ら創造することが2つの価値を会社にもたらします。

1つ目の価値は、競争する必要がなくなることです。一般的な商品・サービスには、市場規模が存在します。人材派遣は約5・6兆円、住宅業界だと約14・9兆円、OA機器は6・5兆円などです。もし、あなたの会社が普通の人材派遣会社なら、対象とするエリアや業種の市場規模のシェアを競合先と奪い合うことになるでしょう。一方、独自の商品・サービスで市場創りができれば、そこは自社しか存在しない市場ですから競争もありません。競合先と争って無駄な時間やお金を使うこともなく、より生産性の高い経営が実現できるでしょう。

2つ目の価値は、**自社で値決めができる**という点です。あなたの会社の商品・サービスの価格は、ライバル会社の価格や業界の相場などを加味して決定していることでしょう。ところが、自社だけの市場を築くことができれば、世の中に唯一の商品・サービスを独自の市場で提供しているわけですから、顧客がその金額を支払ってくれるかどうかは検討する必要はありますが、自社で金額を決めることができます。しかも、一般市場にある商品・サービスより高い値づけができるはずです。

**【戦略事例】**
**世の中に存在しない価値を提供し、自社の貢献度を広げることで新たな需要を生み出し顧客と市場を創造、市場を独占、コントロールし、高収益体制を確立する**

この事例は、独自化戦略と同じようにそのまま使えるものをご紹介しています。しっくりこない表現があれば多少手直しするくらいで十分活用できるでしょう。

## 市場創造戦略

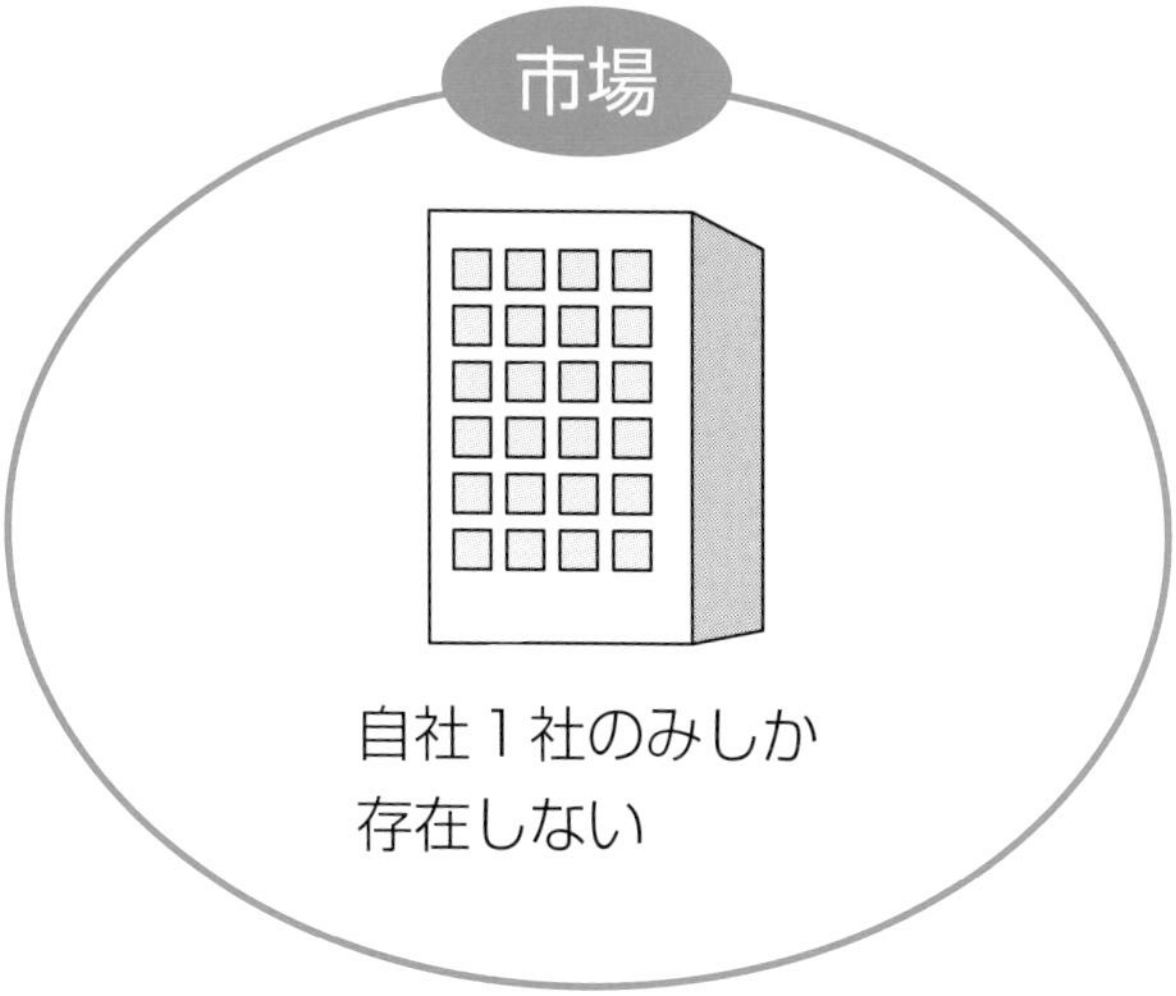


1．他社との競争がない

2．価格をコントロールできる

↓

**これまで存在しなかった市場を創造することで新たな需要を生み出すことができる**

# 3 17の個別戦略がビジョンを実現する

## (1) 顧客戦略

### 個別戦略1 顧客情報管理・活用の仕組みづくり

顧客戦略では、2つの個別戦略を立案、実行していきます。

個別戦略1「顧客情報管理・活用の仕組みづくり」と個別戦略2「顧客育成の仕組みづくり」です。

まず、「顧客情報管理・活用の仕組みづくり」から解説していきましょう。

私は、中小企業で戦略立案を支援する際、社長に次の3つの質問を投げかけます。

あなたの会社は、「すべての顧客」を一元管理（情報を1カ所に集めて管理し、活用できる状態）できていますか？

あなたの会社では、営業など顧客と接点を持った人が得た情報やデータをきちんと記録分析し、有効活用できていますか？

**あなたの会社は、重要度、あるいは緊急性の高い顧客情報がスピーディーに社長まで届いていますか？**

私がかかわってきた約680社の中小企業で、3つの質問に「イエス」と答えることができた社長は3％未満でした。こうした実態を見るたびに、私は早急に手を打たなければ中小企業の生産性は浮上できずに低空飛行を続けてしまうと危惧してしまいます。

すべての企業活動は顧客づくりのために行なわれていて、顧客に選ばれ続けないと会社は存続できません。顧客情報はそのための貴重な財産です。先の質問にすべて「イエス」と答えられない社長の会社は、財産に手をつけずに放置している非常にもったいない状態です。

裏を返せば中小企業はこの個別戦略に取り組み、**〝顧客情報〟という眠っていた資産を掘り起こし、活用することで大きく生産性を向上させることができます。**その意味でも、「顧客情報管理・活用の仕組みづくり」は、中小企業がまず手をつけるべき重要な個別戦略といえるのです。

**◆戦略事例**
**顧客情報の管理・活用の仕組みづくりに取り組み、情報の共有と活用を徹底、顧客の課題解決を行なうことで、既存客の売上拡大を実現する**

◆アクションプラン
・顧客情報管理の仕組みづくりと推進

このアクションプランは、次の4つの項目を決めて推進していきます。

**【1】顧客情報を一元管理するためのツールを決める**
**【2】どんな顧客情報を収集すればよいのか項目を決める**
**【3】顧客情報の管理方法を決める**
**【4】顧客情報の共有、活用のルールを決める**

### 【1】顧客情報を一元管理するためのツールを決める

まず、顧客情報やデータを記録するツールを選びます。

中小企業向けの、いちばんのおすすめツールはエクセルです。「顧客管理」をキーワードに検索するとクラウドなどのツール、システムが無数に出てきます。どれも効果的な管理ができ、成果に結びつくと書いてあるので導入を考える人もいるかもしれません。

しかし、それぞれの特徴や管理方法を調べ、検討することに膨大な時間と労力を要したり、自社に合わずに使わなくなってしまったり……ということもよく耳にします。

エクセルでも関数やマクロを活用すれば、必要なデータ集計や分析を十分行なうことができます。本格的なシステムに移行する場合に、エクセルデータをそのまま移行できる場合も多いので、顧客管理のツールはエクセルからスタートしてみましょう。

**【2】どんな顧客情報を収集すればよいのか項目を決める**

次に、どういった顧客情報を収集、記録すればよいのか、その項目を決めます。

検討の場には、社長も参加し、リーダーと一緒に検討してください。経営や会社の方向性の判断に必要な情報項目は、社長からしか出てこない場合があるからです。営業や接客、問い合わせ対応に携わっている現場の社員からの意見も吸い上げ、参考にしながら決めるとよいでしょう。項目が決まったら【1】で決めたツールに入力し、フォームを作成しておきましょう。

**【3】顧客情報の管理方法を決める**

【1】【2】のステップで顧客を収集するためのフォームができました。**次に、「誰が」「いつ」入力（記入）をして、「どこで」保存するのかを決めます。**

「誰が」については、営業担当者が入力するのか、ほかの営業事務など担当者とするのか、全社員が入力するのかといったルールを決めます。

「いつ」については、どういうタイミングで情報を更新していくのかルールを決めましょう。

顧客情報が得られた時点で即入力するのか、毎日1回入力する時間を持つのか、週1回まとめて入力すればよいのかなどです。

「どこで」は、顧客データの管理の場所とその方法です。たとえば、エクセルの顧客ファイルを社内のサーバーに保存するのか、クラウド上で管理するのか、顧客情報を入力したあと、プリントアウトしてファイリングし、棚に保存するのかなどのルールを決めます。

## 【4】顧客情報の共有、活用のルールを決める

**収集、蓄積したデータは活用されなければ意味がありません**。また、効果的に活用するためには、情報を収集した人だけではなく上司や社長、関連部署の社員と共有し、売上アップや新商品販売につながるアイデアを出すことも重要です。そのためには、「いつ」「誰が」顧客情報を見て、「誰と」「どうやって」共有するのかルールを明確にします。

営業社員が自ら更新した顧客情報をメールで社長、営業部長、商品企画部門全員に知らせる。情報を共有しておいてほしいリーダーや部署の社員から顧客管理データへ週1回必ずアクセスし、確認したうえで活用のアドバイスについてコメントを入れる。営業企画会議で、得られた情報の有効な活用方法をテーマに議論する時間を設け、実行することを決める。などのルールを決め、実行することで顧客情報は活きたものになってくるのです。

## 顧客情報の管理・活用

### アクションプラン

**顧客情報管理の仕組みづくりと推進**

①顧客情報を一元化するツールを決める

➡ Excelがおすすめ

②顧客情報の収集項目を決める

➡ 社長・リーダーも参加し、
現場の意見を聞いて決定

③顧客情報の管理方法を決める

➡ 誰が・いつ　入力
どこに　保存

④顧客情報の共有・活用ルールを決める

➡ ルールを明確にする

**活きた顧客情報に！**

個別戦略2

## 顧客育成の仕組みづくり

「顧客育成の仕組みづくり」に取り組むことで、あなたの会社の〝超お得意さん〟、圧倒的なファンを増やすことができます。

「顧客育成」とは、取引がはじまったばかりの顧客や一般的な顧客を、〝超お得意さん〟に育てていくことです。この戦略を推進することで、全顧客に対する〝超お得意さん〟の比率を増やしていきます。

では、〝超お得意さん〟が多い状態をつくり出すことができれば、具体的にはどういったメリットがあるのか、考えてみましょう。

2つ、大きな効果があります。1つは自社に対して、もう1つは社外に対してです。

まず、自社に対しては、直接利益貢献してくれます。〝超お得意さん〟とは、自社商品やサービスの大ファンですから、その利用頻度が通常の顧客より高く、新しい商品を開発すればすぐ購入してくれます。こうした顧客の比率が多いほうが自社の売上や利益は確実に高まります。

また、〝超お得意さん〟は、自社が提供している価値や理念にも共感してくれている顧客ですから、その考え方を社外に対して広めてくれます。その結果、顧客を紹介してくれるなど、自社の利益に貢献してくれる行動をとってくれるのです。

たとえば、顧客を100社持つA社とB社があるとしましょう。A社はその中の3％、3社が超お得意さん、B社は30％の30社が超お得意さんだった場合、どちらのほうが業績が好調でしょうか。当然、後者だということはご理解していただけると思います。

こうした状態を目指して、いま取引のある顧客に対して〝超お得意さん〟づくりを推進していくのが「顧客育成の仕組みづくり」です。

「顧客育成の仕組みづくり」が重要で、会社の発展を支える重要な戦略となることは十分ご理解していただけたと思います。ところが、中小企業で「顧客育成」に会社全体で取り組んでいるところはごくわずかです。

具体的には、営業社員などの担当者任せになってしまっている状態です。売上、利益の拡大というと、新規顧客の開拓にまず取り組もうと考える社長も多いのですが、まず既存客との関係性を強化することから手をつけたほうが、新規開拓より圧倒的に少ないコストと労力で収益性を高めることができるのです。

◆戦略事例
顧客育成の仕組みづくりに取り組み、顧客との関係性を強固にすることで、圧倒的ファンの増大と収益の向上を実現する

◆アクションプラン事例
顧客ランクの明確化とコミュニケーションルールの実践

この個別戦略は、次の2つの手順を実行します。それぞれ、解説していきましょう。

**【1】顧客のランク分類**
**【2】顧客コミュニケーションルールづくりと実践**

**【1】顧客のランク分類**

現在取引がある、あるいは過去取引があったすべての既存客に対して指標を決め、順位づけを行ないます。ここでいう順位とは、〝超お得意さん〟から〝自社を利用したことがあるだけ〟の顧客までの順位を決め、分類します。

指標の事例を、具体的にご紹介しましょう。

法人対象のビジネスの場合は次のような指標とします。

**・粗利益額／売上高／自社商品の取引点数／受注頻度／自社シェア／売上拡大余地**

個人が対象のビジネスの場合は次の指標などを活用するとよいでしょう。

・**購買金額／購買頻度／顧客紹介人数／重点商品購入額／自社イベント参加回数**

これらを参考にし、自社が重要視する指標を２つ決め、掛け合わせて顧客ランクを分類し、優先順位を決めます。

３つ以上の指標を使うこともできますが、顧客ランクを立体的に把握する必要性が生じてかなり複雑になります。まずは、もっとも優先すべき指標を２つ決めましょう。

指標を決めるポイントは、**自社にいちばん貢献してくれているお得意さんはどんな会社（人）か、という考え方**です。

売上が高い顧客の貢献度が大きいのか、粗利益額が高いほうがよいのか。自社の商品をより多く買ってもらっている人がよいのか、いつも顧客を紹介してくれる人が自社へ貢献してくれているといえるのか、などです。

小売店で「購入金額」と「購買頻度」の２つを指標としてランク分けしたケースを見てみましょう。

次のページの図表「小売店の事例」をご覧ください。縦軸を「購買金額」、横軸を「購買頻度」としてそれぞれ3段階のランクを設定したものです。

期間を3カ月とし、「購買金額」については［Aランク］10万円以上、［Bランク］3万円以上10万円未満、［Cランク］3万円未満、「購買頻度」は、［aランク］7回以上、［bランク］3～6回、［cランク］1～2回とします。このランク設定で2軸を掛け合わせると、9つのマスに分類できます。

こうして作成した表を**「顧客ランクマトリクス」**といいます。

9つのマスの中で、一番右上［Aa］のマスに該当する顧客が「いちばんのお得意様」「超VIP客」、左下［Cc］のマスに入った顧客がこれから関係を高めていく必要がある対象顧客となります。

ほかのマスの顧客も上、もしくは右のマスを上位とみなし、そこへランクアップさせていくことがより自社と深い取引をしてもらっている顧客、自社へより大きな利益をもたらしてくれている顧客に育成できたことにつながります。

継続的にこのランクアップする顧客が増えるように仕向けていくことを「顧客の育成」といいます。

## 顧客ランクマトリクスの小売店の事例

### 小売店の事例

| 購買金額 | | c 1〜2回 | b 3〜6回 | a 7回以上 |
|---|---|---|---|---|
| A | 10万円以上 | Ac | Ab | Aa |
| B | 3万円以上10万円未満 | Bc | Bb | Ba |
| C | 3万円未満 | Cc | Cb | Ca |

販売頻度（期間：3カ月）

↓

Aa＝いちばんのお得意様、超Vip

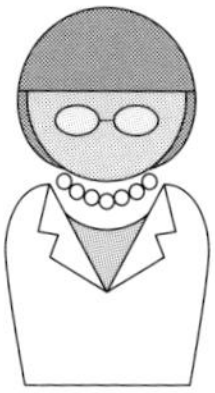

⋮

Cc＝これから関係を深めていく必要がある対象顧客

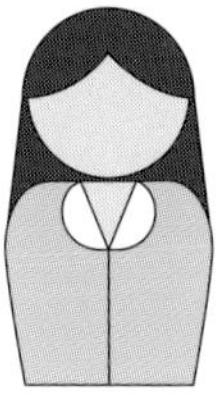

＝

**顧客の育成目標が明確になる**

## 【2】顧客コミュニケーションルールづくりと実践

顧客コミュニケーションルールを確立できれば、頼りになる営業社員10人分と同等の効果が得られます。しかし、これを実行できている中小企業はごくわずかです。この仕組みは、［1］で決めた顧客ランクに応じて間接的なアプローチを実施し顧客ランクをアップさせます。

小売店の場合で、事例をあげてみましょう。

①**お客様感謝イベントや招待旅行へのご招待**
②**お誕生日プレゼント**
③**取引内容によるプレゼント**
④**お得意様向け特典（先行商品情報の提供、限定セール、展示会への招待など）**
⑤**ニュースレターの送付**
⑥**DM**
⑦**メルマガ　など**

訪問や電話ではなく顧客と接点を持つ方法を、間接アプローチと呼びます。間接アプローチは、直接顧客を担当している営業以外の社員で役割分担をして実行することができます。

## 顧客コミュニケーションルール

**直接アプローチ**

訪問・電話

**間接アプローチ**

①お客様感謝イベントや招待旅行へのご招待
②お誕生日プレゼント
③取引内容によるプレゼント
④お得意様向け特典（先行商品情報の提供、限定セール、展示会への招待など）
⑤ニュースレターの送付
⑥DM
⑦メルマガ　など

＝

**担当者以外の社員で分担できる**

まず、110ページの事例を参考にして自社の顧客に対して効果があると考えられる間接アプローチの方法、コミュニケーションをリストアップしてみましょう。

**コミュニケーションをリストアップするときのポイントは、営業的な内容以外のものをあげるということです。**

顧客コミュニケーションの目的は、商品やサービスを直接売ることではありません。顧客との接触頻度を増やすことであなたの会社を身近に感じてもらい、何かあったとき、困ったときにいちばんにあなたの会社を思い出してもらうことです。

こうした考え方を共有したうえで、営業社員だけではなく、若手や女性社員にも参加してもらい意見を出しあうとよいアイデアが出てくるでしょう。

リストアップできたら114ページの「顧客コミュニケーション実行表」を作成します。この表で各顧客ランクにどのコミュニケーションをどういうタイミングで行なうのか、それぞれのコミュニケーションの担当者は誰なのかを決めることができます。

「顧客コミュニケーション実行表」ができたら、早速実行に移します。

顧客コミュニケーションは、全社で取り組む仕組みとして全社員に周知して実行します。実行後はその結果と効果の度合いを、「アクションプラン会議」で毎月検証します。ここでいう効果は、顧客ランクがアップしたかどうかです。

事例の小売店の場合、期間を3カ月としていますから、その期間を毎月1カ月ずつずらしてランクアップの推移を毎月検証していきます。【4～6月】を7月のアクションプラン会議、【5～7月】を8月に、【6～8月】を9月にというように毎月各マスの顧客数の推移を検証し、改善策を検討します。季節的に影響を受ける業種や商品を扱っている会社は、計測期間を6カ月や1年など長めにすることで季節変動の影響を受けにくくすることができます。

115ページに、顧客ランクマトリクス表の推移と分析方法の事例を掲載しています。参考にしてみてください。

この戦略・アクションプランで成果を得るためのポイントは効果検証と改善を繰り返すことです。顧客コミュニケーションのランクアップへの影響度を測りながら、効果のないものは変更するなど、内容のブラッシュアップを行ない続けることです。こうすることで、**営業社員個人の力に頼らずあなたの会社のファンを増やし続けることができるのです。**

## 顧客コミュニケーション実行表

### 顧客コミュニケーションをリストアップ

①お客さま感謝イベント招待
②旅行招待
③お誕生日プレゼント
④利用金額に応じたプレゼント
⑤ お客様限定セール
⑥ニュースレターの送付
⑦DM
⑧メルマガ

### 顧客ランクを５つに分類

Aa ………………… 超VIP客
Ab、Ba ……………… VIP客
Ac、Bb、Ca ……お得意客
Bc、Cb ………………既存客
Cc ……………………新規客

顧客ランクマトリクスの9ランクをさらに5ランクに順位づけし、名称を決め、全社員で共有する

### 顧客ランクアップとの相関関係を把握

| 顧客ランク | 提供するコミュニケーション |
|---|---|
| 超VIP客 | ①〜⑧ |
| VIP客 | ③〜⑧ |
| お得意客 | ⑤〜⑧ |
| 既存客 | ⑥〜⑧ |
| 新規客 | ⑥、⑧ |

## 顧客ランクアップ推移と分析

### 7月に検証

| 4～6月 | | |
|---|---|---|
| Ac 8 | Ab 23 | Aa 15 |
| Bc 89 | Bb 52 | Ba 31 |
| Cc 200 | Cb 64 | Ca 18 |

総顧客数500人

### 8月に検証

| 5～7月 | | |
|---|---|---|
| 7 | 28 | 17 |
| 105 | 55 | 30 |
| 211 | 73 | 9 |

総顧客数535人

### 9月に検証

| 6～8月 | | |
|---|---|---|
| 9 | 20 | 16 |
| 98 | 58 | 23 |
| 228 | 69 | 8 |

総顧客数529人

### 10月に検証

| 7～9月 | | |
|---|---|---|
| 10 | 26 | 26 |
| 104 | 66 | 42 |
| 204 | 74 | 13 |

総顧客数565人

顧客コミュニケーションの効果を、毎月前月までの
3カ月間の顧客数実績を計測しながら検証対策する

**分析と対策**

・4～6月→5～7月は順調にランクアップを果たし、総顧客数も増加
・5～7月→6～8月は上位ランク、総顧客数ともに減少したため、顧客コミュニケーションを追加
・7～9月でランクアップ、総顧客数ともに大きく伸ばすことができた

## （2）営業戦略

「営業戦略」は、主に新規顧客を獲得するための取り組みです。

ここでは、「営業プロセスの標準化」「営業ツールの整備と活用」「販促・プロモーションの推進」「自社デザイン化の推進」の4つの個別戦略を実行します。

### 個別戦略3　営業プロセスの標準化

「標準化」とは、「標準に合わせること。また標準に近づくこと」「何もしなければ多様化、複雑化し、無秩序になってしまう事柄について、秩序が保たれている状態を実現するために、誰もが共通して使用できる一定の基準を定めること」と辞書にあります。

中小企業の営業方法は、この正反対のやり方となっている場合が非常に多いです。

つまり、「多様化、複雑化し、無秩序（営業社員や担当者任せ）で、標準に合わせ、近づけようとしていない」。

こうした営業現場の実態は、標準を定め誰もが共通して使用できるようにすることで、大きく業績を向上させることができます。

ではさっそく、戦略・アクションプランの事例をご覧ください。

◆戦略事例
営業プロセスの標準化を推進し、営業活動の見える化と効率化を図り、営業社員の成長と業績向上を実現する

◆アクションプラン事例
・営業プロセスの標準化

営業プロセスの標準化は、次の手順で実施します。

**【1】営業プロセスの洗い出し、標準プロセスの検討、決定**
**【2】標準プロセスに必要なルールの決定**

**【1】営業プロセスの洗い出し、標準プロセスの検討、決定**

まず、各営業マンからそれぞれが独自で行なっている営業プロセスを聞き出します。特に高い成果をあげている営業マンからは手順やコミュニケーション方法まで、くわしく具体的にヒアリングし、洗い出します。

これをもとに自社の〝ベスト営業プロセス〟を作成してみましょう。次ページのように、契約までの活動を大きな流れで把握できるようにフローで示すとわかりやすいでしょう。

**【営業フロー】**
**ステップ1　集客イベント開催**
**ステップ2　アンケート記入**
**ステップ3　お礼状の送付**
**ステップ4　初回面談アポイント**
**ステップ5　初回面談　プラン作成に必要な情報の収集、競合状況などの把握**
**ステップ6　2回目面談　プラン、見積りの提案**
**ステップ7　3回目面談　クロージング**
**ステップ8　契約**

こうして、自社のベスト営業プロセスを決め、次に紹介するアクションプラン**【営業ツールの整備・活用】**をあわせて推進することで次の3つのメリットが得られます。

**①　営業社員の成長スピードがアップする**
**②　営業リーダーの育成力が向上する**
**③　会社全体の営業状況を把握でき、業績向上のための対策が的確に打てる**

どういうことか、それぞれくわしくご説明しましょう。

営業に求められる役割は、各ステップにいる見込み客を次のステップにできるだけ早く進めて契約を獲得することです。ところが、人によって得手不得手なステップがあり、スムーズに契約まで見込み客を導くことができない人もいます。電話やメールでアポイントを取るのは得意だが、直接面談でプレゼンするのは苦手な人、コミュニケーションはうまいのにクロージングができない人などです。

その結果、ステップ5の「初回面談」で見込み客が多く滞留していたり、ステップ7の「クロージング」を繰り返しているにもかかわらずステップ8の「契約」ができないなど、各社員の特徴が出てきます。

その原因を探っていくと、なぜ次のステップに進めることができないのか、それぞれで解決すべき課題が浮き彫りになります。これに個別に対処することによって、**各営業社員の苦手な部分に焦点を絞って指導することができ、成長スピードをアップさせることができる**のです。

次に、**営業プロセスの標準化を推進することで、営業リーダーやマネージャーの指導・育成力も向上させることができます。**

すでにご説明したように、各ステップの進捗状況を観察することで、部下それぞれの苦手分野を把握することができます。これをもとに個別に指導することで、より効果的かつ効率的な指導を行なうことができるようになるのです。

一般に、営業力を強化しようとする場合、営業やプレゼンテーションの研修を選択するケースも多いでしょう。しかし、研修などで営業社員に対して一律に教育すると、一部の人はすでに習得している知識や技術をもう一度学ばなければならず、無駄な時間となってしまいます。

一方、ここで紹介した方法であれば営業社員1人ひとりの特性に応じた効果的な指導を行なうため、**営業部門全体の営業力アップにもつながります。**

また、会社も各ステップに何人の見込み客がいるのか、つねに見える状態にしておきます。

さらに、各ステップの見込み客の数と業績数値との相関関係を導き出しておくことで、全社業績目標達成に効果的な対策を打つことができます。

たとえば、「3000万円の売上目標を達成するためには、見込み客全体で300人以上、ステップ6以降の見込み客が50人以上必要」など、営業ステップごとの必要数値を具体的に導き出しておきます。こうすることで、不足しているステップの見込み客を増やすための対策を的確かつタイムリーに打つことができます。

具体的には、見込み客全体の人数を底上げするためにイベントの開催数を増やしたり、ステップ6以降の見込み客の必要数値を満たすまで営業リーダーが部下に同行するなどです。

このように、ピンポイントで効果的な対策を行なうことで、営業活動や人材育成の効率を上げながら、会社の業績を向上させることができるのです。

## 営業プロセスの標準化

営業ステップ

| | |
|---|---|
| ステップ1 | 集客イベント開催 |
| ステップ2 | アンケート記入 |
| ステップ3 | お礼状の送付 |
| ステップ4 | 初回面談アポイント |
| ステップ5 | 初回面談　プラン作成に必要な情報の収集、競合状況などの把握 |
| ステップ6 | 2回目面談　プラン、見積りの提案 |
| ステップ7 | 3回目面談　クロージング |
| ステップ8 | 契約 |

それぞれのステップに、何人の見込み客がいるかをつねに数値化する

||

業務数値との相関関係を把握

||

目標達成に必要な対策が打てる

## 個別戦略4 営業ツールの整備と活用

もう1つ、中小企業が取り組むことで必ず業績に結びつく「営業戦略」があります。

それが「営業ツールの整備と活用」です。

なぜ、業績向上に役立つのか？　それは、**営業ツールが営業社員以上に活躍してくれる場合があるから**です。

たとえば、営業で外回りに出ているときに、たまたま自社のターゲットとなりそうな会社が新しくできていたとしましょう。あなたは、「あいさつだけでもしておこう」と飛び込みで訪問します。しかし、いきなり訪問してもすぐに担当者や決裁権限者と面会するのは難しいでしょう。受付の事務スタッフから「あいにく、担当の者は外出しております」と告げられます。

大きな差が出るのは、次の行動です。あなたならどうするでしょうか？　考えてみてください！

「では、担当の方へお渡しください」と名刺を置いてくる。

これなら営業として行なうべき行動としては合格点、と考えがちです。しかし、「営業ツールの整備と活用」に取り組んでいる会社では不合格です。

「では、担当の方へお渡しください」と名刺と、「決められた営業ツール」を置いてくる。

これで合格となります。

あなたが逆の立場、すなわち営業訪問を受ける側に立って考えてみると理解できるのではないでしょうか、名刺のみを渡されたときと営業ツール一式を渡されたときの行動の差を。

まず、名刺のみ受け取った場合、対応した受付スタッフも忙しく、上司のデスクに持っていくのは落ち着いてからにしようと自分のデスクに置いて、ほかの書類などに紛れて忘れてしまうかもしれません。一方、名刺とクリアフォルダーや封筒に入った営業ツール一式を渡された場合、いったん自分のデスクに置いたとしても、そのボリュームなどから忘れることはないでしょう。決裁権限者まで到達する確率が高いことは容易に想像できます。

次に、決裁権限者まで届いた場合の差はどうでしょうか。もちろん、「また、営業か！」と即ゴミ箱に投げ入れる人もいるでしょう。しかし、中には営業ツールに一通り目を通して捨てる人、しばらく放置して、時間ができたときに見てくれる人、関係者に回覧してくれる人など対応はさまざまでしょう。

いずれにしても、営業ツール一式まで手にしたほうが、**あなたの会社の存在や商品・サービス、独自のこだわりや価値を知ってもらえるチャンスが格段に高まる**ことはご理解いただけるでしょう。

目を通してさえもらえれば、営業ツールは新規見込み客に伝えたい内容を漏れなく盛り込んでいますから、営業が直接面会して伝えるのと同等かそれ以上の効果が得られるのです。

また、営業ツールを置いてくることで、さらに大きなメリットが得られます。

それは、あなたの会社の記憶がターゲットとして訪問した会社により長く残るということです。名刺だけ置いてきた場合、よくて決裁権限者の名刺入れにおさまって、翌日には忘れ去られてしまうでしょう。そこに、ちょっと興味をそそるような工夫を凝らした営業ツールがあれば、1週間くらいは覚えてくれているかもしれません。その記憶がなくなる前に**【個別戦略３】営業プロセスの標準化**で、次の手を打つのです。


このように、大きな効果がある営業ツールですが、あなたの会社では
**効果的な営業ツールがそろっていて継続して改善していますか？**

**どのようなものを営業社員が持参し、見込み先に渡すのかルールが決められていますか？**

**そのルールを営業社員全員が実践できていますか？**

「5年ほど前に作成した会社案内しかない……」という方も多いのではないでしょうか。

**◆戦略事例**
**営業ツールを作成、活用ルールを確立し、社員全員で実行することで、新規顧客と収益拡大を実現する**

◆アクションプラン事例
・営業ツールの作成・運用・改善
・営業ツールの活用ルールの確立と実践

この個別戦略では、2つのアクションプランを推進することをお勧めします。
営業ツールを考え、作成し、改善を進めていくアクションプラン。そして、できあがった営業ツールの活用方法、ルールを決め、実行と成果を検証していくアクションプランです。もちろん、同じ個別戦略のアクションプランですから相互に連携させながら推進していきます。

では具体的に、「営業ツール」にはどんなものがあるのか事例をご紹介しましょう。

**1. 会社案内**
**2. 商品・サービス案内のパンフレット、カタログ**
**3. アプローチブック（新規訪問先での自社プレゼン資料・データ）**
**4. 顧客の成果・体験事例集**
**5. 顧客への企画・プレゼン資料とその作成フォーム　など**

このように、営業ツールとは、営業活動上で顧客に提示するすべての資料やデータのことをいいます。

営業ツールの事例の中で、1～4までは必須です。作成、活用することで必ず業績に結びつくからです。くわしく説明します。

**1．会社案内**

会社案内は、作成している中小企業も多いかもしれません。しかし、3年以上内容を変えていない、あるいはA4で1～2ページで文字だけのものしか作成していないという会社は、ぜひこの機会に見直しに取り組んでください。

**A3見開き、A4で表紙を含めて最低8ページ、できれば12～16ページのボリュームのものを作成しましょう。**

会社案内に必ず盛り込んでほしい内容は次の6項目です。

**①　社長メッセージ（代表挨拶）**

**②　会社概要**

**③　会社の沿革**

**④　組織図**

**⑤事業内容・商品・サービス案内**

**⑥経営計画・基本方針・行動理念**

また、必要に応じて次の内容を盛り込んでください。

**⑦社員の声、活躍状況など**

それぞれ作成のポイントをお話ししておきましょう。

**①社長メッセージ（代表挨拶）**

**社長の思いやこだわりを顧客に伝えるいちばん大事な部分です。**

創業の思いや自社、自身の理念やこだわり続けてやってきたこと。事業、商品・サービスを通じて地域や業界、社会の中でどんな位置づけを目指し、貢献していくのかをわかりやすく簡潔に10～12行くらいにまとめるとよいでしょう。この内容は、**「3．アプローチブック」**の最初のページでも活用します。

**②会社概要**

ここは、社名や所在地、代表者など一般的な会社概要の内容でよいでしょう。営業所や店舗がある場合はすべてここに記載します。また、取引銀行、会社に応じて事業認可が必要な業種はその許認可番号、公的資格の保有者がいる場合はこちらに入れておきましょう。会社の信用度や価値を高めることに効果的だからです。

**③会社の沿革**

創業から現時点までの自社の成長の軌跡、トピックスなどを時系列で記載します。具体的な事例をご紹介しておきましょう。

・事業拡大・新規事業の取り組み
・新商品・サービスのリリース
・社屋の新設やリニューアル・移転、営業所や店舗の展開
・代表者就任
・認証取得、公的団体や業界団体からの表彰など

**④組織図**

組織図は、自社の目的達成に向けて最大限効果を発揮するために必要な機能や役割の構成を

表したものです。

**中小企業では、組織図を作成していない会社も見受けられますが、この機会にぜひ作成し、自社の理念やビジョンの実現のために、何が必要かを洗い出してみましょう。**

社員数が少ない会社は、社長やリーダーが部門や役割を兼任することも多くなるかもしれませんが、会社案内に盛り込む組織図に個人名を入れる必要はありませんので問題ありません。顧客の課題や要望に貢献できる機能や役割をアピールできる自社の姿として作成しましょう。

**⑤事業内容、商品・サービス案内**

業務内容や商品・サービスを具体的にわかりやすく紹介します。商品・サービスやその導入、活用事例などの写真を掲載し、視覚に訴え、一目であなたの会社の事業や業務内容が伝わるように工夫しましょう。

**⑥経営計画・基本方針・行動理念**

会社案内は、社外のはじめて会う顧客などに対して自社を紹介、アピールするためのツールです。いちばん大切にしている理念を盛り込んで、自社が何を目指してどんな貢献をしているのかを伝えます。

### ⑦社員の声、活躍状況など

この項目は、社員の採用に会社案内を活用する場合に効果的に機能します。成長、活躍している社員の写真と入社後の経緯や仕事のやりがいを本人が語っているというレイアウトで掲載するとよいでしょう。

また、新卒採用を行なっていない会社でも、社員の成長や活躍状況を紹介することで、顧客や関係先にも自社の人材の魅力を伝えることにつながるのでしっかり作成してください。

## 2. 商品・サービス案内のパンフレット、カタログ

商品の機能、特徴やこだわり、使用方法などを、顧客にわかりやすく伝えるためのツールです。

会社案内や次に説明するアプローチブックにも主な商品の紹介やこだわりは盛り込みます。これとは別に、個々の商品についてもくわしく顧客に伝えたほうが売上につながる場合に作成します。メーカーやシステム開発を行なうＩＴ企業の自社製品案内。卸や仕入販売を行なっている業態の商品カタログ。コンサルティングや教育会社の商品メニュー紹介などが該当します。

**商品パンフレットやカタログは、定期的に最新のものに更新して顧客に届けるようにします。自社をそのたびに思い出してもらうことができ、リピート回数アップにつながるからです。**

## 3. アプローチブック（新規訪問先での自社プレゼン資料・データ）

アプローチブックは、顧客を訪問し面談の機会を得たときに、自社がいかにお役立ちできるかを伝えるためのプレゼンツールです。

以下の4つの項目で構成し、内容を考えていきます。

**①　社長メッセージ（代表挨拶）**
**②　会社概要**
**③　理念**
**④　自社の強み、特徴、こだわり**

①、②、③については、会社案内で作成したものと同じものでもかまいません。

重要なのは、④の**「自社の強み、特徴、こだわり」**で、自社とつきあってもらうことが大きなメリットにつながるということが顧客に伝えられるかどうかです。

「○○○が選ばれる5つの理由」
「○○○にしか提供できない5つの価値」

などとし、自社の強みやアピールできるポイントを要素ごとにわかりやすく伝えます。

たとえば、次のようなものです。

**・ここでしか手に入らない業界最新の情報とノウハウ**
**・多くの顧客実績を通じて導き出される企画と提案**
**・豊富な経験と実績から提供できる確かな品質**

自社の強みや独自性を打ち出し、これらを裏づける内容と根拠を示します。

全体でＡ４サイズ、20ページ前後でまとめ、差し込み式のクリアファイルに入れて完成です。これをアプローチブックと呼びます。営業社員全員と来社した顧客への説明に必要な冊数を準備しておきましょう。

活用方法は、顧客にアプローチブックを開いて見てもらいながら、各ページの内容を順番に説明していきます。定期的に効果を確認しながら内容をブラッシュアップしていきましょう。

### 4. 顧客の成果・体験事例集

顧客の生の声を集めた事例集です。顧客や取引先の担当者本人が直接語っている口調の文章に写真つきで作成します。「顧客の声」というと、インターネット上の口コミを思い浮かべ、「軽いもの」ととらえる人もいるかもしれませんが、ここでは自社の価値を伝える営業ツールとして活用する内容の濃いものを作成します。

**①　自社の商品やサービスを選んだ理由、導入することに至った経緯**
**②　使用、導入時の不安、苦労や障害**
**③　効果、成果、実績、喜びの声**
**④　今後の自社への期待**

という構成でまとめるとよいでしょう。小売や仕入販売業では①や②、④の内容に悩む場合もあるかもしれません。しかし、あえてこうした内容を盛り込むことによってモノとしての商品以外の独自の価値が伝わります。顧客本人の言葉を伝えるものですから、率直に顧客に聞いてみましょう。**自社内だけでは気づかなかったあなたの会社独自の価値を発見できる機会になるかもしれません。**

「顧客の成果・体験事例集」には次の5つの効果があります。

**①　顧客目線で客観的に商品やサービスのよさが伝わる**
**②　活用後の効果を実感でき、リアルに想像（疑似体験）できる**
**③　自社の商品・サービスが優れていることの論理的証拠になる**
**④　安心感を与え、信頼を高めることができる**
**⑤　社内で情報共有でき、自信ややりがいにつながる**

対法人ビジネスの会社は、作成していない場合も多いと思います。しかし、作成、活用することで会社の価値を高めることにつながるのでぜひチャレンジしてみてください。

## 5. 顧客への企画・プレゼン資料とその作成フォーム

中小企業では、顧客への提案時に使うプレゼン資料や企画書が、営業担当者によってバラバラというケースがよく見受けられます。また、提案のたびに1から企画書を作成したり、プレゼンに必要な資料やデータを探す、取り寄せる、整理するなどの対応をしている場合も非常に多いです。著しく時間をロスしている状態ですが、それに気づいていない会社も多いのが実態です。

**これを整理し、共通で活用できるものとすることで、大きく効率化を図れるだけでなく、受注や契約の確率も高まります。**もっとも効果的だと会社が判断した企画書や営業資料を全員が活用するようになるからです。また、これらのツールが統一されることで、営業リーダーの部下指導が行ないやすくなり、教育にも活用できます。

ご紹介してきたように、営業ツールへの取り組みは組織の営業力アップに大きく貢献するものです。これを機会にアクションプランのスケジュールに盛り込み、しっかり推進していきましょう。

## 営業ツールの整備・活用

### 営業ツールの作成

1.会社案内
2.商品サービス案内のパンフレット・カタログ
3.アプローチブック
4.顧客の成果・体験事例集
5.顧客への企画・プレゼン資料

活用方法とルールを決め
全社員で実行

### 効果

・自社のこだわりを正確に伝えることができる
・商品・サービスの独自性・特徴を伝えることができる
・営業活動の効率化を図ることができる
・受注・契約率が向上する

**組織全体の営業力アップにつながる**

## 個別戦略5　広告・プロモーションの推進

自社の商品やサービスを、既存客以外に知ってもらうためには、広告やプロモーションを行なうことが必要です。

こうお伝えすると、「もっともだ」という人も多いかもしれません。

ところが、中小企業では、一部の業態を除いてこれを継続的に行なえている企業はごくわずかです。では、広告・プロモーション活動を行なっていない中小企業は、一体どうやって新規客を獲得しているのでしょうか？

実は、**人の力に頼って新規客を獲得しようとしている**のです。ここでいう人の力とは、社長の営業力や人脈、営業社員、既存客などです。つまり、社長が自ら新規客をひっぱってきたり、営業社員が直接新規開拓を行なったり、既存客に紹介などをお願いして新規客を獲得しているのです。

ある一定の規模までは、人力に頼った方法でも顧客を増やし続けることができるでしょう。しかし、人の力だけではいずれ成長に限界が訪れます。

こうして、売上の伸びが鈍化した中小企業も、広告・プロモーション活動に取り組むことで新規客の獲得ペースをアップさせ、再び成長軌道に乗せることができるのです。

冒頭で述べた「一部の業態を除いて」の「一部の業態」とは、店舗を持った企業や通信販売業などです。店舗業態の中小企業は業種を問わず、広告・プロモーション費を継続的にかけながら新規客の集客を行なっています。また、通信販売業界では販促方法や手順、顧客管理や育成の仕組みがシステム化されて確立しています。もし、お知り合いにこうした業態の社長がいらっしゃる方は、どんな広告・プロモーションを行なっているか、聞いてみるのもよいでしょう。

ただし、店舗業態や通信販売業の中小企業であっても、戦略にもとづいて計画的に広告・プロモーションを推進できているといえるところはごく少数で、お金を無駄に使い続けている場合もあります。これを機会に見直しを図って、成果につながる効果的な広告・プロモーションとしてください。

なおプロモーションとは、集客や商品・サービスの販売促進にともなう活動全般を指します。ここでは、広告と合わせて売上を上げるために費用をかけて行なう活動すべてと考えてください。

◆戦略事例
**広告・プロモーションを計画的に行なうことで、目標達成に必要な見込み客が途切れない状態とし、新規顧客の獲得につなげる**

◆アクションプラン事例
・広告・プロモーションの立案・推進

広告・プロモーションに関する戦略・アクションプランを推進するにあたって、成果を得るためのポイントが3つあります。

1つ目は、年間予算を決めること。
2つ目は、効果測定をきちんと行なうこと。
3つ目は、担当者と役割をきちんと決めて行なうことです。
それぞれ、解説していきましょう。

アクションプランで推進する広告・プロモーションは新規顧客を獲得するための投資です。投資とは、今よりも大きな利益を得るためにお金を使うということです。
広告・プロモーションに使ったお金は決算書の販売費及び一般管理費に、「広告・宣伝費」などとして計上されるので、経費としてとらえ節約しなければならないという考えを持った社長もいます。しかし、将来の成長のための投資である広告・プロモーション費は、組織の成長に応じて金額を増やしていくものです。10カ年事業計画（70・71ページ）の中で予算を決め、

**計画的に実行してください。**

投資とは先行して資金を使うということを認識して広告・宣伝費を把握しておく必要があります。つまり、資金を投じたからといって、必ずそれに見合ったリターンが得られるものではないということです。

最初は思うような結果が得られない場合もあるかもしれませんが、次にお話しするポイントを押さえて継続的に実践することで、必ず投じた資金以上のリターンを得られる体制を確立することができます。

繰り返しますが、**「広告・プロモーション費を使っていない」ことは、中小企業の伸びが頭打ちになってしまう大きな要因の1つ**です。ぜひ、あなたの会社の価値を世の中に広めるために、広告・プロモーション活動をスタートさせてください。

とはいえ、やったこともないうえにリスクを伴う投資に、新たなお金を使うのをためらう社長も多いでしょう。そこで2つ目のポイント、効果測定を行ない改善しながら実施することが重要です。

効果測定とは、広告やプロモーションにかけた〝費用〟に対して、どのくらいの〝リターン〟があったかを計測することです。

〝リターン〟の種類は、「売上」、「粗利益」「来店客数」「問い合わせ数」「（イベントなどへの）来場者数」「会員獲得数」などの成果数値です。業種や営業プロセスによってさまざまなものが考えられますが、**広告・宣伝にかけた費用に対してどのくらいのリターンがあったのかを数値で把握することが大切**です。

また、各広告・宣伝を実施するにあたって、どういったリターンの獲得を目指すのかということを明確に定めて実施しましょう。たとえば、「今回のウェブ広告については、見込み客のメールアドレス500件の獲得を目標にする」などです。

次に、広告・宣伝にかかわるアクションプランを推進するうえで重要なのが、きちんと担当者を決めて取り組むという点です。

中小企業では、販促や広告企画専任の部門や担当者がいない場合がほとんどです。新たに経験者を採用して任せることも難しいでしょう。こうしたことから、実行に移すのが難しいテーマなのです。社長自身が重要性と成果にこだわり、担当者を決め、役割を分担するなど工夫しながら、期限を設定し、うまく推進していきましょう。

3つのポイントを抑えて広告・プロモーションを推進することで、**見込客のほうから自動的にやってきてくれる仕組みを確立することができる**のです。

## 広告・プロモーションの重要性

☑中小企業は広告・プロモーションにお金を使わない

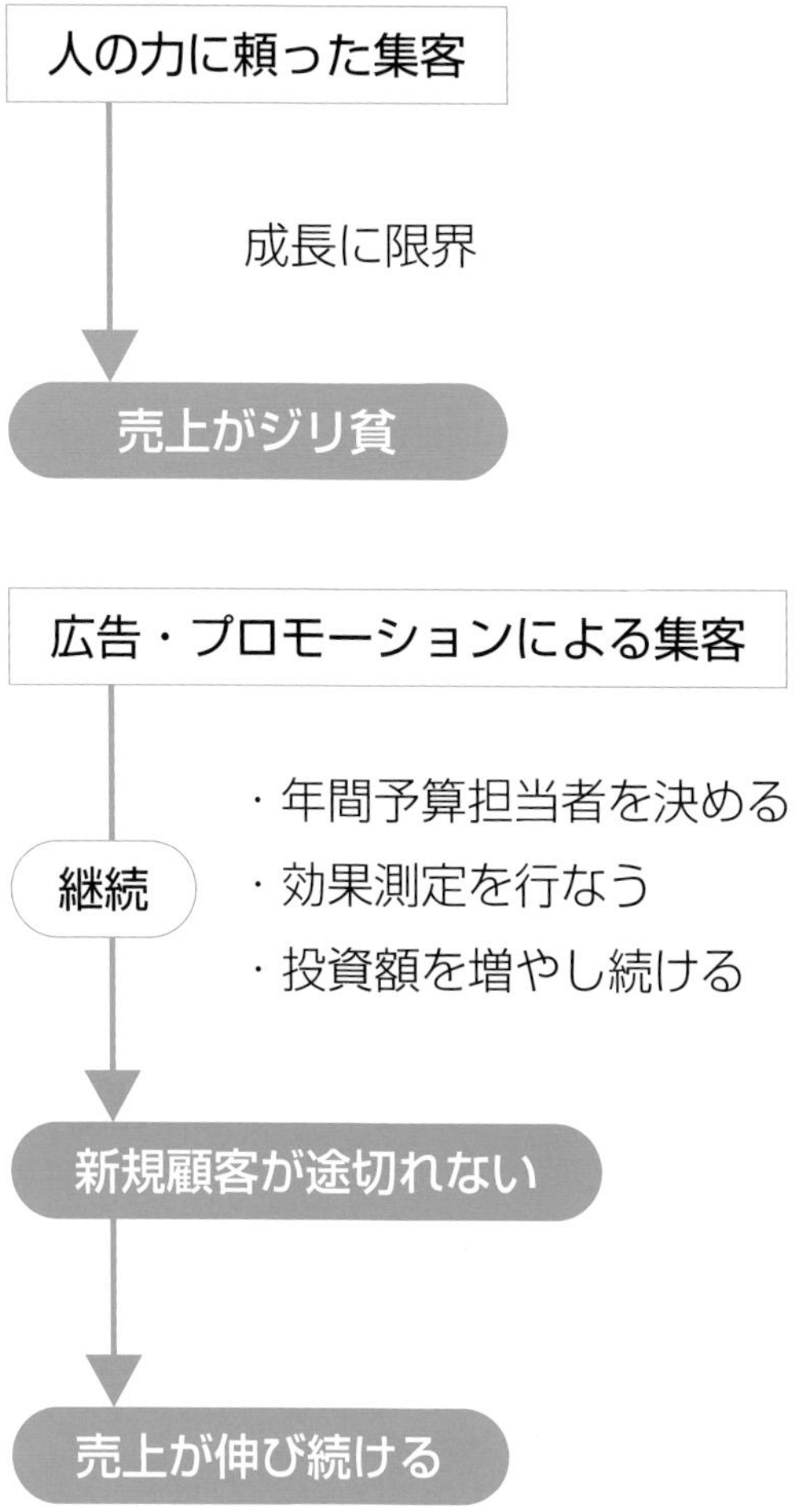

## 個別戦略6 自社デザイン化の推進

この個別戦略は、**「個別戦略4」「営業ツールの整備と活用」**や**「個別戦略5」「広告・プロモーションの推進」**のアクションプランとしてあげてもよかったのですが、あまりにも手つかずのまま放置している中小企業が多いので個別戦略としてとりあげています。それだけこの「自社デザイン化」は中小企業にとって重要な取り組みなのです。ここがきちんと戦略的に取り組めている会社は、**自社の一貫性やブレない姿勢を顧客や社会に伝えることができる**からです。

「自社デザイン化」とは、次にあげる6つを制作、ルールを決めて活用していくことで自社の価値を高めていくことです。

**①　社名デザインとロゴマーク**
**②　コーポレートカラー**
**③　キャラクター**
**④　キャッチコピー**
**⑤　ネーミング**
**⑥　資料作成時のルール**

◆戦略事例
デザイン化を推進することで、自社のイメージと認知度を高め、社会の信頼と付加価値向上を実現する

◆アクションプラン事例
・自社デザイン化の推進と活用

デザイン化は、次の3つのメリットを会社にもたらします。

**(1)　企業の認知度を高めることができる**

誰でも、有名企業のロゴは毎日目にしていることでしょう。コンビニエンスストアのセブンイレブン、ファストフードのマクドナルド。実際、セブンイレブンと聞くと7のロゴ、マクドナルドなら黄色のMの文字が思い浮かぶのではないでしょうか。

人は文字よりも絵や画像のほうが記憶に残りやすい性質を持っています。絵や画像は右脳で処理されますが、感情や直感も右脳が関係しています。商品やサービスの購入につなげるためには、右脳に訴えかけるデザインのロゴ、カラーがあるほうが有利なのです。そうすることであなたの会社のデザインを目にした人の記憶に残り、認知度を高めることができるのです。

### （2） 企業のイメージをつくり信頼を高めることができる

ロゴやカラー、それとセットになったメッセージは、企業のイメージの形成に役立ちます。「カラダにピース　カルピス」、「あったらいいなをカタチにする　小林製薬」「子どもたちに誇れるしごとを。清水建設」。社名やロゴと一緒にデザインされたメッセージを一緒に発信している事例です。ここではデザインまでお伝えすることはできませんので、ぜひホームページなどで実際のものを確認してみてください。

こうして、会社の理念や使命にもつながるメッセージをデザイン性を持って伝えることで、「きちんとした会社」、「しっかりした会社」だという安心感や信頼につながる印象を持ってもらうことができます。

### （3） 社員の意識向上、モチベーション

こうした会社のロゴやデザインを統一し、社員全員で意味や目的を共有して使っていくことで、社員の意識向上による帰属意識や組織力をアップさせることにもつながります。

たとえば、社名のデザインやロゴで社章をつくって全社員が身に着けたり、デザインされた名刺を使うことで自分たちの会社の価値が上がったという意識を社員自身に持ってもらうことができるのです。

それでは、デザイン化としてあげた6つについて、ポイントを説明しておきましょう。

**1　社名デザインとロゴマーク**

社名の文字をオリジナルフォントでデザインし、制作します。社名とセットでロゴも制作したほうが効果は高まるでしょう。決定したら社名の入ったものすべてに使用します。

**2　コーポレートカラー**

1の社名デザインと一緒に考えます。社名の色、ロゴマークの色のほかに、会社パンフレットやプレゼン資料などで使用するバランスの取れた色を4～5つ決めておくとよいでしょう。

**3　キャラクター**

1、2に加えて会社、もしくは商品・サービスのイメージキャラクターを決めておくと顧客に親しみを持ってもらえたり、より印象に残りやすくすることができます。

**4　キャッチコピー**

前ページ（**2**）の事例でご紹介したように、ひとことで自社のこだわりや社会的な使命を表す言葉です。経営理念や会社方針で掲げた文言の中から社会貢献度の強い、自社のこだわりを示した言葉を選び作成してみてください。

1の社名デザイン・ロゴマークとあわせて活用することを前提に、フォントやカラーまで統一感を持たせてデザインすればさらにインパクトを残せるものになるでしょう。

## 5　ネーミング

「ネーミング」とは商品やサービスに対する名称のことです。

たとえば、弊社は独自の「経営計画」「人事評価制度」に「ビジョン実現型人事評価制度®」という名称をつけています。**このように自社の商品やサービスに名前をつけることで、その独自性やオリジナリティをアピールすることができます。**ここも意外と中小企業では手がつけられていない部分です。

建設会社であれば建築物や工法、製造業なら自社の製品、サービス業でも独自の商品やサービスを考案し名称をつけることで、顧客への印象と価値を高めることができます。

長期的に活用していく商品やサービスは商標もとっておくとよいでしょう。もちろん、「ビジョン実現型人事評価制度®」も商標登録をしています。商標として登録することで、ロゴやキャッチコピーを唯一自社だけのオリジナルとすることができます。これは88ページ**【基本戦略1】**の**【独自化戦略】**を実現することにつながります。

## 6　資料作成時のルール

ここでいう「資料」とは、会社案内、商品パンフレット、プレゼン資料などです。こうした社外に出す資料については、色やレイアウト、ヘッダーやフッターのデザインを決めておくことで、統制が取れているという印象を顧客に持ってもらうことができます。

### 自社デザイン化で制作・活用するもの

① 社名デザインとロゴマーク
② コーポレートカラー
③ キャラクター
④ キャッチコピー
⑤ ネーミング
⑥ 資料作成時のルール

＝

・認知度が高まる
・信頼や安心感が高まる
・社員の忠誠心が上がる

↓

自社カルチャー（文化）のデザイン化で組織力を強化できる

## （3）商品戦略

### 個別戦略7　商品・サービス開発

企業が発展していくためには、新しい商品やサービスを開発していく必要があります。

顧客のニーズや嗜好は多様化し、技術は進化しているので、これらを満たすものを提供しなければ顧客の支持を得られなくなってしまうからです。

ところが、中小企業では、5年、10年と同じ商品を提供し続けている会社も少なくありません。今後、ますます変化のスピードは増していくでしょう。このままでは、その変化に対応しきれずに、市場から淘汰されていく中小企業が増えていくことが危惧されます。

また、そこまで至らなくても、計画的に商品開発やリニューアルを継続して行なっている中小企業はごくわずかです。その結果、こちらから仕掛けて市場を開拓したり、新規客にアピールすることは難しく、売上や収益も頭打ちという企業も少なくありません。

組織の継続的な成長、進化を目指しているみなさんなら、会社が存続したとしても、このような状態は望む姿ではないはずです。

もちろん、自社は定期的に新商品やリニューアルができていて、売上も収益も順調だという方は、本項は読み飛ばしてください。

◆戦略事例
新商品の開発と既存商品のリニューアルを計画的かつ継続的に行なうことで、自社の魅力と価値を市場に広げ、新規客の獲得と既存客拡大につなげる

◆アクションプラン事例
「商品企画・開発会議」による新商品開発とリニューアル

それでは、商品・サービス戦略の取り組み方をご説明しましょう。

まず、「10カ年事業計画」策定時に、新商品のリリースと既存商品のリニューアル時期を決めます。10カ年事業計画の「売上内訳」の中に、いつ商品を開発していくら売上をつくっていくのか具体的な数値を考えながら盛り込みます。このとき、既存商品に関してもリニューアルのタイミングを決めて売上を増加させておくなどするとよいでしょう。

ポイントは、この時点では具体的な新商品・サービスの内容を決める必要はないということです。

「2年ごとには新商品をリリースしなければ、10年後に5倍の売上増は難しいだろう」「既存商品のリニューアルは3年ごとに行なっていこう」といった、ざっくりとしたレベルで結構で

す。はじめて取り組む人が、最初から計画通りにいくものを作成するのは不可能に近いので、アクションプランの実践を通じて、徐々にその精度をアップさせていけば十分です。

一方、アクションプランには具体的な計画を盛り込みます。前ページでアクションプラン事例にあげた商品企画・開発会議の開催を通じて新商品の開発と既存商品のリニューアルを目指す場合でご説明しましょう。

まず、この開発とリニューアルの計画と当該年度の成果指標までは、社長とプロジェクト全体を推進しているメンバーで一緒に決めたほうがよいでしょう。市場にリリースするまでに時間がかかる業種では、当初立てたアクションプランの年度内で発売まで持っていけないこともあるでしょう。それでも、年度末にはどのような状態を目指すのか、成果指標をはっきり決めることが重要です。

次に、「商品企画・開発会議」はアクションプラン推進メンバーとは別のメンバーで開催します。社長や幹部メンバーだけでは斬新なアイデアや新発想はなかなか出てこないものです。**顧客と直接接している人や最新のトレンドに明るい人などもメンバーとして加えて議論することで、ヒット商品を生み出せる確率は高まる**でしょう。また、本会議だけで1時間以上必要になるはずです。そのため、アクションプラン全体の進捗、対策を議論するアクションプラン会議（208ページ参照）とは別の時間を設けて開催することをお勧めします。

次に、〝売れる新商品〟を生み出すための重要なポイントをお伝えしておきましょう。

私は、コンサルティングを通じて、クライアントの新規事業や新商品企画開発検討の場に同席するケースがよくあります。そこでいつも実感するのが、到底収益を生みそうにない考え方で商品企画に取り組む中小企業が非常に多いということです。

それが次にあげる、〝商品開発で中小企業が陥りがちな3つの間違い〟です。

**1　他社が成功した商品と類似した商品を企画する**

**2　大きな投資（宣伝広告費を含めて）が必要な商品を開発する**

**3　いきなり広い範囲の客層やエリアを狙った商品を開発する**

中小企業の社長やリーダーで、大手企業や同じエリアの他社が成功した事例を持ち出し、同じような商品を開発しようとする人がいます。しかし、「ビジョン実現型人事評価制度®」に取り組む人にはお勧めしていません。なぜなら、このような商品を開発できたとしても得られる売上や利益はたいしたものにはならないからです。

また、会社の利益を大きく損なう可能性がある投資を伴う新商品やサービスを開発することも、中小企業が採るべき方法ではありません。

まずは、**経営に影響のない小さな投資額で試験的に実施しながら徐々に拡大していきましょう。**

ときどき、誰にでも広く受け入れられる商品を開発したほうが売上が大きく上がると考える人がいます。

しかし、中小企業は逆の考え方で新商品やサービスの開発を進めるべきです。**いちばん身近で、できるだけ狭い範囲の客層をターゲットに商品を開発したほうが利益性は高まります。**自社と取引があるいちばんの優良顧客に対して、どんな商品やサービスが受け入れられるだろうという発想で考えることからスタートしてください。

この3つのポイントを押さえて商品を開発しようとすると、最初は時間がかかるかもしれません。しかし、目的は早急に商品化を進めることではなく、会社の価値を高め独自化を実現し、圧倒的な収益を得ることです。

長く顧客から支持され続ける商品・サービスを継続的にしっかり開発していきましょう。

## 商品・サービス開発の取り組み方

**①「10カ年事業計画」策定時**

新商品のリリース／既存商品の
リニューアル時期を決める

ざっくりでOK

↓

**②「アクションプラン」策定時**

具体的な計画を盛り込む

↓

**③「商品企画・開発会議」**

アイデアを出す

世界で売るクールジャパンアイス！
既存の「七福神せんべい」のキャラを増やし、島根県出雲市限定の「八百万かみさませんべい」に！

×他社の成功商品と類似した商品
×大きな投資が必要な商品
×広いエリアや客層を狙う商品

○小さな投資額で試験的に実施できる商品
○狭い範囲の客層がターゲットの商品

## 個別戦略8

# 商品分析・ランクづけ

企業が発展していくためには、利益を確保しなければなりません。

利益の中でも源泉となるのが**粗利益**です。粗利益から営業や販促活動、人材などに投資を行なうことで、企業は成長できるからです。したがって自社を成長させていくためには、できるだけ多くの粗利益を確保する必要があります。

ここまでは、「そんなことわかっているよ」とおっしゃる方も多いことでしょう。

粗利益は、商品・サービスを販売できた時点で発生します。ところが、自分が担当している商品の粗利益を把握している営業社員や販売担当者は意外と少ないものです。また、商品の企画や製造に携わっている社員も把握できている人は少ないのが実態でしょう。**成長の源泉となる商品の粗利益を社員が知っている会社と知らない会社では、どちらのほうが大きな粗利益が得られるでしょうか。**答えは明白でしょう。

「うちの社員は利益意識がない」と嘆く社長がいます。しかし、利益に関する情報を開示しておらず、利益を高める教育をしていなければ社員はどう行動したらよいかわかりません。

「商品分析・ランクづけ」戦略を推進することで、組織成長の出発点となる粗利益がどこからいくら出ているのか、社員全員が把握し、行動することができるようになります。

その結果、全社員の利益意識が高まり、生産性を劇的に高めることができるのです。

◆戦略事例
商品の分析・ランクづけを明確化、各商品の貢献度と方向性を共有することで、収益の向上を実現する

◆アクションプラン事例
・商品の分析・ランクづけと対策の推進

商品分析は商品・サービスごとに次の指標を算出し、一覧表を作成します。

**①　粗利益**
**②　粗利益率**
**③　売上**
**④　販売数量、利用回数**
**⑤　売上、粗利益の商品ごとのシェア**
**⑥　商品・サービスの将来性**

商品点数やサービスの種類が多い会社は、商品・サービスを一定数でまとめたカテゴリーに分類し、指標を算出するとよいでしょう。

⑥の「商品・サービスの将来性」は、たとえば「◎大いに将来性が期待できる、○拡大の余地がある、△伸びしろが少ない、×縮小見込み」という4段階で分類し、今後力を入れていくべき商品かどうかを見極める判断材料としてください。

次に、今後自社が力を入れていくべき順番に並び替えます。

これらの指標を見ながら、会社全体の収益や生産性、ブランド力を強化していくためにはどの商品に力をかけるべきか、優先順位を決めます。

ポイントになる指標は、**①粗利益額**と**②粗利益率**、**⑥将来性**などでしょう。具体的な判断基準がないと順位づけが困難な場合は、①〜⑥の各指標をポイント化し、合計ポイントで決める方法もあります。

ここでは粗利益額、粗利益率、将来性などをもとに商品分析を行なってみましょう。

商品分析・ランクづけを行なった一覧表は社内で共有します。**こうして、自社の商品・サービスの実態と方向性を社員全員が理解することで1人ひとりの意識と行動が変化するのです。**

158ページの商品ランク分析表を見ると商品ごとにいろいろな傾向が見えてきます。

たとえば、「B商品」は売上はいちばん高いのですが、粗利益率がいちばん低い商品となってしまっています。一方、「C商品」は売上は3位ですが、粗利益率が非常に高くもう少し数量を伸ばせば粗利益額はトップになりそうです。

このように、商品・サービスを分析すると、これまで把握できていなかった収益に影響を与える事実が発見できることも多いものです。

この結果にさらに各商品の将来性を判断し、分析表に書き加えたうえで優先順位を検討し、並べ替えます。可能な会社は、顧客ごとの商品分布がどうなっているかを分析し、改善の方向性を決めて営業の提案活動に反映するとよいでしょう。

この「**商品分析・ランク表」を全社員に公開し、情報を共有したうえで、各部門の社員が粗利益を最大化するためにできることに取り組みます。**

営業社員は、より高い粗利益率の商品の提案を優先させるべきでしょうし、企画や製造、仕入れ担当者は既存商品の粗利益率の改善やより高い粗利益率の商品の導入に取り組むべきでしょう。また、事務系の社員は、このアクションプランの推進による結果データを集約・分析し、その後の対策を打つための指標を継続的に示していくことが役割となってくるでしょう。

## 商品ランク分析表

| | 粗利（千円） | 粗利率 | 粗利シェア | 売上（千円） | 売上シェア | 販売個数 |
|---|---|---|---|---|---|---|
| A商品 | 34,500 | 31.94% | 39.21% | 108,000 | 39.11% | 350 |
| B商品 | 18,000 | 13.19% | 20.46% | 136,500 | 49.43% | 780 |
| C商品 | 30,240 | 48.78% | 34.37% | 62,000 | 4.45% | 280 |
| D商品 | 4,500 | 27.27% | 5.11% | 16,500 | 5.98% | 600 |
| E商品 | 750 | 26.32% | 0.85% | 2,850 | 1.03% | 200 |
| 合　計 | 87,990 | 27.00% | 100% | 325,850 | 100% | 2,210 |

## 個別戦略9　生産体制の確立

本戦略は、主に製造業やメーカーで必要となる個別戦略です。

ベースになるのは「10カ年事業計画」です。「10カ年事業計画」を通じて当該年度の売上目標と粗利益目標が明確になっていますので、この達成を可能にするための体制づくりに現場は取り組んでおかなければなりません。

成長戦略にもとづいた販促や営業活動が奏功し、受注が大幅に伸びたにもかかわらず生産や原材料の調達に遅れが生じ、クレームやキャンセルにつながったというケースをよく耳にします。大企業なら資金力や認知度で挽回できるかもしれませんが、中小企業は一気に信用を失ってしまい、大きな痛手となってしまうことも考えられます。

原因の1つに、中小企業は「ヒト・モノ・カネ（人材・設備・資金）」に余裕がないため、設備や材料調達、人員確保などに先行投資ができないことが挙げられます。また、もし計画通りに売上があがらなかったら投資が無駄になってしまうのでは、という心理的不安がある社長も多いようです。

しかし、**目標を上回る受注が舞い込んできたときに備え、前もって準備をしておかないと、目の前の利益を取り逃してしまうということにもつながりかねません。**売上目標は達成する前提で、しっかりした準備を整えておいてください。

◆戦略事例
生産体制づくりに取り組み、計画的かつ効率的な生産活動を行なうことで、売上・粗利益目標を達成する。

◆アクションプラン事例
・生産計画にもとづいた計画的な生産活動
・設備導入計画
・現場レイアウト見直しによる効率化
・調達先との連携強化、新規開拓
・外注・協力先・人材派遣会社などとの連携強化、新規開拓

ご覧のように、生産体制づくりにはさまざまなアクションプランが必要となる場合があります。それぞれに求められる知識や進め方は、製造業向けの専門書などに譲ります。

本書で強調しておきたいポイントは、必要性が出てきたときに取り組むのではなく、年間のアクションプランや10カ年事業計画での中長期的な戦略として前もって計画し、実行しながら実態にあわせて修正していく点です。

## 生産体制の確立

### 目標を上まわる受注に備え、柔軟かつスピーディに対応できる体制をつくる

**例**

- 計画的な生産活動
- 設備導入計画
- 現場レイアウト見直し
- 調達先・外注先などとの関係強化

↑

**Point**

年間のアクションプランとして計画し、実行しながら実態にあわせて修正する

## （４）人材戦略

### 個別戦略10　人事評価制度の構築・運用

「人事評価制度」は、「経営計画」を実現するための人材を育成する仕組みです。

**「評価制度」「賃金制度」「昇進昇格制度」の３つの制度から構成されます。**

**「評価制度」の役割が最も重要で、目的は、戦略を実行しながら成果を出せる人材を育成することです。**評価制度の運用を通じてリーダーが戦略・アクションプランに必要な役割を部下の行動に落とし込みながらＰＤＣＡをまわしていくことで、全社員が戦略を推進している状態の組織にすることができます。これが、経営計画の実現に向かって組織が成長する原動力となります。

ところが、一般的に人事評価制度はこうした活用をされることはありませんでした。人事評価制度は「社員の査定」や「賃金」を目的として運用されるだけで、人材育成や経営計画の推進はまったく別ものという扱いでした。**これらを一緒に連動して運用することで組織全体の大きな成長につなげることができるのが本書で取り組む「ビジョン実現型人事評価制度®」です。**

◆戦略事例
「人事評価制度」を構築・運用し、自らの目標と役割を理解、戦略を推進できる人材を育成することで、成長し続ける組織を確立する

◆アクションプラン事例
・人事評価制度の構築・運用・改善

「人事評価制度」の構築・運用の手順、ポイントはのちほどくわしく解説します。

ここでは、人事評価制度を成果に結びつけるためのポイントを2つお話ししておきましょう。それは、社長が中心となって推進することと改善を継続することです。

実は、この2つは人事評価制度がうまくいかない原因の裏返しです。

まず、社長が担当者や総務部門長任せにして人事評価制度を運用していこうとしても決してうまくいきません。人事評価制度の目的は人材の育成であり、会社を成長、進化させていくための改革プロジェクトです。社長以外の推進リーダーは考えられません。また人事評価制度設計がうまくいけばそのまま5年、10年使えるものという考え方で運用されてきました。

しかし、成果につながる人事評価制度とするためには、運用しながら継続的に改善しなければなりません。この2つのポイントを頭に入れて構築をスタートしてください。

## 人事評価制度の構成

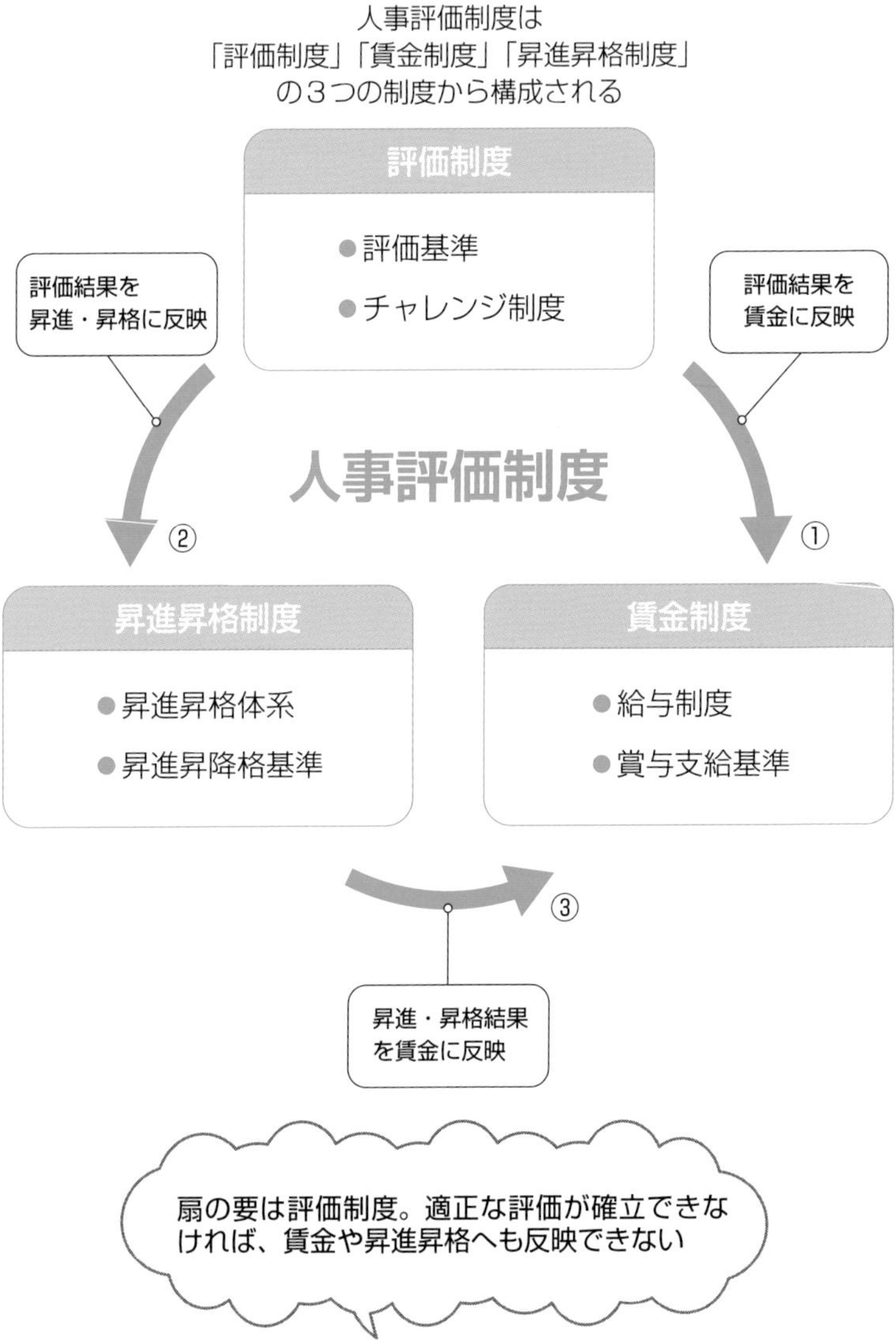

人事評価制度は
「評価制度」「賃金制度」「昇進昇格制度」
の３つの制度から構成される
評価制度
●評価基準
●チャレンジ制度
評価結果を
昇進・昇格に反映
評価結果を
賃金に反映
人事評価制度
②
①
昇進昇格制度
●昇進昇格体系
●昇進昇降格基準
賃金制度
●給与制度
●賞与支給基準
③
昇進・昇格結果
を賃金に反映
扇の要は評価制度。適正な評価が確立できなければ、賃金や昇進昇格へも反映できない

## 個別戦略11　戦略的採用の推進

中小企業の成長を阻害する「やってはいけない採用パターン」が2つあります。それは、**欠員補充型採用**と、**現場要望型採用**の2つです。

欠員補充型採用は、今いる社員の退職や産休など、なんらかの要因で欠員が出た場合に、その仕事の穴を埋めるために採用を行なうというパターンです。こうした採用活動が中心となっている会社は、現状の事業活動を維持するための採用しかやっていないということになります。将来を見据えた人材確保や育成という視点が欠けているわけですから、到底、組織の成長や発展につながることはないでしょう。

また、欠員補充型の場合、どうしても短期間で次の人材を採用しなければならないケースが多くなってしまいます。求める人材をじっくり探すことはできないため、優秀な人材の採用は期待できません。

自社の各部門の現場担当者から出る「人手が足りない」という声をもとに採用を行なっている中小企業もしばしば見受けられます。これを現場要望型採用といいます。決して、現場の現状を無視すべきだというわけではありませんが、こうした現場の声の一部は一時的な忙しさからで、効率化や改善で対処できることも多いものです。

採用は、将来のビジョンを実現するために欠かせない人材を戦略的に獲得するものでなければなりません。では、その方法と進め方を解説していきましょう。

◆戦略事例
経営計画にそった採用活動を計画的に推進し、理念に共感、ベクトルが合致した人材を確保することで、ビジョンを実現できる組織基盤を確立する

◆アクションプラン事例
・計画的採用活動の推進
・採用プロセスの改善

中小企業が陥りがちな誤った採用方法、欠員補充型採用と現場要望型採用をご紹介しました。では、中小企業が新たな人材を戦力とし、成長していくためにはどのように取り組めばよいのでしょうか。そのために必要となるのが「考え方採用」、「計画的採用」の2つです。

「考え方採用」とは、簡単にいうと〝考え方重視〟の採用を行なうということです。あなたが自社の人材を採用するとして、次の「A、B、C、D」の人材を、採用を優先する順に並べ

てください。

**A　能力が高く、考え方も正しい人材**
**B　能力が高く、考え方が間違っている人材**
**C　能力が低いが、考え方は正しい人材**
**D　能力が低く、考え方も間違っている人材**

どんな順番になりましたか？　それでは、解説していきましょう。

中小企業の社長やリーダーにこの質問をすると、答えは次の2パターンが多いです。

A↓B↓C↓D
A↓C↓B↓D

しかし、いずれも正解ではありません。

**正解は、「A↓C↓D↓B」となります。**

ポイントはBよりもDを優先することです。

理由は、「B」に該当する人材が中小企業に入ってくると、会社やほかの人材にマイナスの影響を及ぼすからです。その結果、**組織成長の大きな足かせとなってしまうので要注意です。**

「B」に該当する人材は、考え方が間違っている人です。こうした人材は、会社の理念や方針と合わない仕事の進め方や言動をしてしまいます。**さらに能力が高いので、自分の間違った言動を理論的に正当化したり、まわりを扇動し、正しい考え方で仕事をしていたほかの社員まで巻き込んで間違った考え方に導いたりする場合が多いのです。**

一方、「D」にあたる人材は、スキルが低いため会社への貢献度は小さいでしょう。考え方も間違っているので、「B」と同じように会社の理念や方針と合わない仕事の進め方や言動をしてしまうこともあるでしょう。しかし、スキルが低いことが幸いし、ほかの社員を巻き込んだり、影響を与えることはありません。また、一般的に、「D人材」には素直な人も多く、正しい考え方や能力を指導していくことで、会社に貢献してくれる人材へと成長する可能性も高いのです。

読者の中には、「B人材」を採用し、苦い経験をしたという人がいるかもしれません。

次に、「計画的採用」の考え方ついてお伝えします。

「10カ年事業計画」で10年後までの人員計画を作成しました。これをアクションプランで今年度1年間の「採用計画推進表」に落とし込みます。この計画にもとづいて推進責任者が計画的に採用活動を行ないます。

こうすることで、欠員補充型や現場要望型の誤った採用方法は解消されます。

## 戦略的採用

### ①考え方採用

考え方重視で採用する

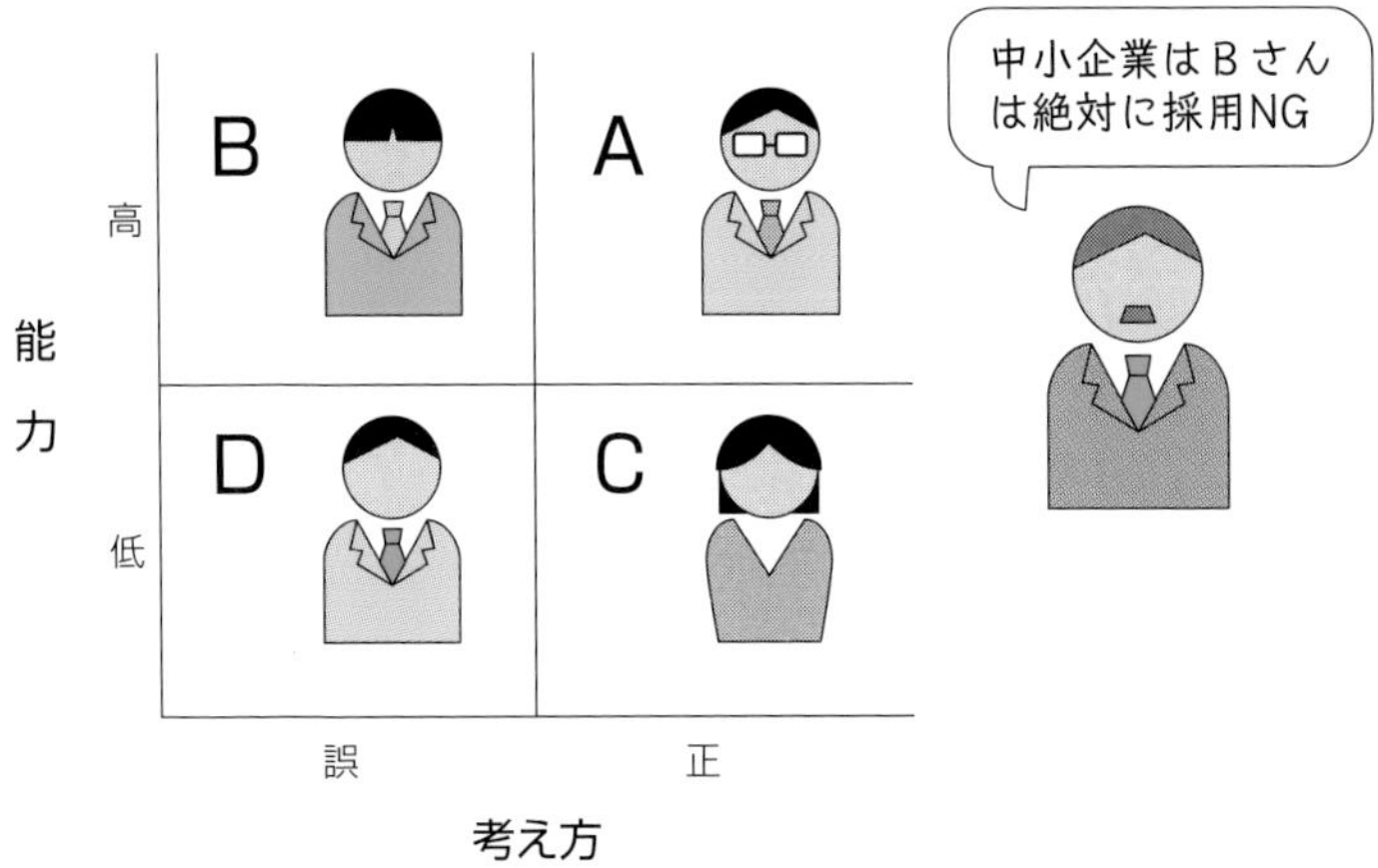


### ②計画的採用

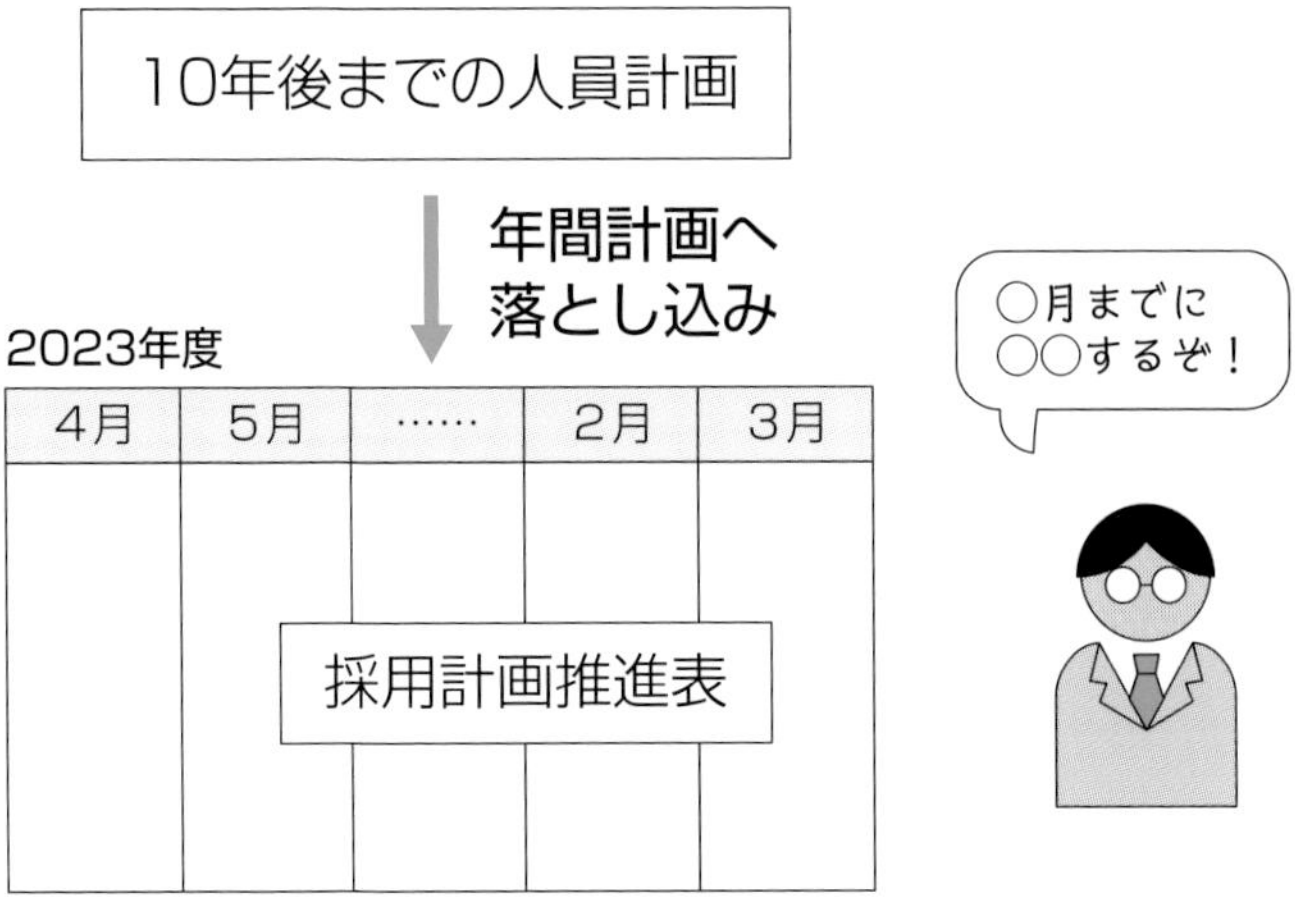

## 個別戦略12　計画的教育・研修の推進

社員に対して、継続的に教育・研修を行なっている中小企業はごくわずかです。

一方大企業では、新入社員から幹部へ昇格する過程で、ビジネススキルや担当領域の専門性、階層に応じた計画的な研修プログラムが組まれ、社員全員が継続的教育を受けています。

この差が、中小企業のリーダーが「戦略」のＰＤＣＡをまわすことができないという状況を生み出しています。

大企業であれば、課長やマネージャークラスになる前に「戦略立案」「マーケティング」「ＰＤＣＡのまわし方」「改善」「部下指導やリーダーシップ」「コミュニケーション」「報告・連絡・相談」などについて、研修を通じてその基礎知識は学んでいます。

中小企業の実態は、第1章でご紹介したとおりです。戦略について学んでいない人にリーダーだからといって任せても、立案も実行もできません。

戦略的に教育・研修を実行する場合、間違いやすいポイントが3つあります。

### 1　即効性を求めず継続的に行なう

中小企業の社長には、「高いお金をかけて研修に行かせたのにまったく結果を出してくれない」と、すぐに教育をやめてしまう人がいます。

しかし、**社員の教育・研修は、将来ビジョンを実現するための人材投資です。**

もっとも、研修で学んだことを活用し、すぐに成果を出せる人はまずいません。しかし、具体的な成果が出ていなくても、5年後、10年後の業績に大きく影響を与える組織全体の人材力を着実にアップしているという意識で継続投資し続けることが大事です。

## 2　社長・幹部がいちばん学ぶ

新たに教育・研修に取り組もうとすると、まだ仕事のスキルが低い新入社員や若手から学ばせようとする中小企業が多いです。しかし、これは間違いです。

理由は2つ、上位職ほど会社の業績に与える影響度が大きいこと。そして、中小企業では本来**教育・研修は、社長や幹部など上位職層から順番に質が高く多くの量を学ぶ必要があります。**

知識やスキルをいちばん持っていなければならないリーダーが学んでいないからです。

## 3　OFF－JTで行なう

**OFF－JT**とは「**OFF－THE－JOB TRAINING**」の略称で、通常の業務から離れ個別に時間をとって行なう教育・研修です。「**ON－THE－JOB TRAINING**（**OJT**）」という現場で業務を通じて教育する方法もあります。

ＯＪＴはすでに行なっている場合もあったり、中小企業に不足している知識やスキルを身につけるのは難しいため、個別戦略として推進する教育・研修は、「ＯＦＦ－ＪＴ」中心とします。

**◆戦略事例**
**教育・研修を計画的に推進することで、社員１人ひとりが着実にスキルアップしていく組織とし、人材力と生産性の向上を実現する**

**◆アクションプラン事例**
**・教育・研修計画の推進**

具体的には次ページの「教育・研修年間スケジュール」を作成し、その内容をスケジュールにそって実行していきましょう。ポイントは階層別、職種別に分類して計画・実施する点です。

最初は、研修をどうやって決めたらよいかわからなかったり、講師を呼んで実施しても自社にマッチしないといったこともあると思います。しかし焦らず、あきらめずに、試行錯誤しながらあなたの会社に合った推進方法を確立してください。

**また、社長自身が幹部やリーダーに対して、理念などのテーマを直接教えるプログラムも必ず盛り込みましょう。**

## 教育・研修年間スケジュール

| | | 対象者 | 講師 | 4月 | 5月 | 6月 | 7月 | 8月 | 9月 |
|---|---|---|---|---|---|---|---|---|---|
| 階層別 | 社長研修 | 幹部・マネージャー | 社長 | 3日<br>15:00～<br>17:00 | | 3日<br>15:00～<br>17:00 | | 3日<br>15:00～<br>17:00 | |
| | マネジメント研修 | 幹部・マネージャー | 佐藤常務 | 10日<br>15:00～<br>17:00 | | | 10日<br>15:00～<br>17:00 | | |
| | 指導力強化研修 | マネージャー | 佐藤常務 | | 23日<br>15:00～<br>17:00 | | | | |
| | 評価者研修 | マネージャー・係長 | 日本人事<br>経営研究室 | | | 7日<br>9:00～<br>11:00 | | | 5日<br>9:00～<br>11:00 |
| | 戦略立案・実行研修 | マネージャー・係長 | 中尾部長 | | | 12日<br>15:00～<br>18:00 | | | 8日<br>15:00～<br>18:00 |
| | マーケティング研修 | 係長 | 中尾部長 | | | | | 10日<br>13:00～<br>17:00 | |
| | 部下育成の基本 | 主任 | 中尾部長 | 22日<br>15:00～<br>18:00 | | | | | |
| | リーダー研修 | 主任 | 日本人事<br>経営研究室 | 14日<br>15:00～<br>18:00 | | | | | |
| | 改善・ＰＤＣＡのまわし方 | 主任 | 水田係長 | | | | 18日<br>15:00～<br>17:00 | | |
| | コミュニケーション研修 | 一般職 | 日本人事<br>経営研究室 | | 16日<br>15:00～<br>18:00 | | | | |
| | 報告・連絡・相談の基本 | 一般職 | 福本マネージャー | | 6日<br>15:00～<br>18:00 | | | | |
| | 理念研修 | 新入社員 | 別途　新入社員教育スケジュール参照 | | | | | | |
| | ビジネス文書・メール | 新入社員・対象者 | | | | | | | |
| | パソコン基礎スキル | 新入社員 | | | | | | | |
| 職種別 | 営業マネジメント研修 | 営業部長・マネージャー | 佐藤常務 | 10日<br>13:00～<br>15:00 | | | 10日<br>13:00～<br>15:00 | | |
| | 営業計画立案・実行研修 | 営業 | 佐藤常務 | | 20日<br>15:00～<br>18:00 | | | 20日<br>15:00～<br>18:00 | |
| | 営業事務の進め方 | 営業事務 | 倉田係長 | 18日<br>15:00～<br>18:00 | | | | | |
| | 税務改正のポイント | 経理 | 外部 | 11日<br>10:00～<br>16:00 | | | | | |
| | 企画・アイデアの出し方 | 企画・商品 | 長谷川マネージャー | | | 14日<br>15:00～<br>18:00 | | | |

## （5）組織戦略

### 個別戦略13　会議・社内コミュニケーションの仕組みづくり

会議がまったく行なわれていない会社は少ないでしょう。しかし、その目的や内容があいまいなまま実施している組織が多く、非常にもったいない現状といえます。

そこで、**社内の会議とコミュニケーションのルールづくり**を行ないます。これによって、次の3つの効果が得られます。

**①社員のベクトルがそろう**
**②意思決定のスピード化**
**③情報の共有と活用促進**

3つの効果で、組織の推進力を強め、目標達成力やビジョンの実現度を高めることができます。社員のベクトルがバラバラな状態が多い中小企業にとって、本個別戦略もなくてはならないものです。

まず、各会議について、次の事項を明確にしてください。

**・会議の名称**
**・開催頻度**
**・開催日時、曜日**
**・目的**
**・検討事項、内容**
**・参加者**

さらに、議事録の書式とその保存方法や場所も決めておきます。

また、本個別戦略では社員同士で集まる情報共有や伝達を目的とした場を、「社内コミュニケーション」として計画的に行ないます。

たとえば、社長と幹部社員のミーティング、プロジェクトメンバーのミーティング、部門メンバー同士での懇親会、全社の忘年会などです。

こうしたちょっとしたミーティングや飲み会は、あらかじめ日時などを決めずに必要に応じて行なっているという中小企業も多いでしょう。しかし、**これらを計画的に実施することで、組織のベクトルをそろえ、仕事のやりがいを醸成する場として有効に機能するように変えることができるのです。**

では、会議・社内コミュニケーションの仕組みの運用方法についてご説明しましょう。

まず、会議に関しては、**「会議・社内コミュニケーション開催要領」**を作成します。次ページで事例をご紹介していますので参考にしてください。

次に、会議・社内コミュニケーションの実施予定を年間スケジュールとして作成し、全社員に公開します。毎年期末に次期のスケジュールを作成し、経営計画発表会で公開するという仕組みにしておきます。このスケジュールは、クラウドシステムなどを活用しウェブ上でいつでも全社員が共有できる状態としておきましょう。

繰り返しますが、会議・社内コミュニケーションの場は、理念・ビジョンに向けて全社員のベクトルを合わせるための重要な時間です。そこで、**開催要領**で決まった各会議・社内コミュニケーションの参加者が実際参加したかどうかをチェックしていきましょう。

◆戦略事例
会議・社内コミュニケーションの仕組みづくりを行なうことで、全社員のベクトルを合わせ、強い組織を実現する

◆アクションプラン事例
・会議・社内コミュニケーションの仕組みづくりと推進

## 会議・社内コミュニケーション開催要領

| 経営計画発表会（4月第一金曜日　14:00〜） | |
|---|---|
| 項目 | 内容 |
| 経営目標の発表 | ・10カ年事業計画<br>・今期売上・粗利目標 |
| 理念共有 | ・理念浸透・実践報告<br>・重点行動理念の発表 |
| 戦略とアクションプランの発表 | ・理念テストの実施<br>・戦略・アクションプラン発表<br>・実行計画推進スケジュール発表 |

| 下期キックオフ（10月第一金曜日　14:00〜） | |
|---|---|
| 項目 | 内容 |
| 上期実績状況 | ・上期の振り返り<br>・達成・未達成要因の確認<br>・下期実行・改革事項確認 |
| 理念共有 | ・理念実践事例発表<br>・社長より理念にかかわる訓示 |

| アクションプラン会議（毎月第１金曜日　16:00〜） | |
|---|---|
| 項目 | 内容 |
| アクションプラン報告 | ・アクションプラン取組・進捗状況の報告<br>・成果指標の達成度確認 |
| 課題・改善点共有 | ・課題と対策の確認、スケジュール調整<br>・他部署への共有 |
| 情報共有 | ・共有情報の確認 |

| アクションプラン部門ミーティング（毎週第２月曜日　9:30〜） | |
|---|---|
| 項目 | 内容 |
| アクションプラン進捗確認 | ・担当アクションプランの取組・進捗状況の報告 |
| 個人アクションプラン報告 | ・個人アクションプランの成果・課題の共有 |

| 朝礼（毎日　9:00〜） | |
|---|---|
| 項目 | 内容 |
| 朝礼 | ・理念の唱和<br>・スケジュールと今日の目標発表<br>・来客予定確認<br>・その他連絡事項 |

## 個別戦略14 マニュアル・手順書の整備・活用

「忙しくてそんな余裕はない」
「ただでさえ、高い目標を達成しなければならないのにやってられない」

社長が、新たな改革や事業に取り組もうとすると、こんな声がリーダーから漏れてくる中小企業も少なくありません。

この要因は、組織のルーティン化が進んでいないことにあります。

中小企業では、人に仕事がついている場合が非常に多いです。売上を社長やスーパー営業マンの力に頼っている。1人の技術者が一手に商品開発を担っている。事務や経理の業務も担当者だけしかできない、などといった状況です。

**マニュアルや手順書を活用してルーティン化すれば、属人的な仕事の進め方から人材育成を行ないながら、誰でも標準以上の仕事が行なえる状態に変えていくことができます。**

しかし、中小企業では、ルーティン化にほとんど手がつけられていません。

マニュアル化を推進することで、新たな仕事に取り組むための余裕が組織にできてきます。

そもそも、**リーダーから不満しか出てこないのは、組織全体の業務量がキャパシティを超えることから出てくる拒否反応**です。

キャパシティを超えたところで新しいことを始めようとしていることは、保存容量がいっぱいいっぱいのメモリーに、さらにデータを記憶させようとしていることと同じことなのです。この場合、ほかのデータを持ってきても記憶させることはできません。メモリーの空き容量を確保するほうが先なのです。

**マニュアル・手順書作成のポイントは2つあります。**

**作成する順序とフォーマット**です。

マニュアル・手順書の目的は1人しかできない仕事、あるいは行なう人によってやり方がバラバラといった仕事やノウハウを統一あるいは共有し、かかわる人すべてが標準以上のレベルでできるようにすることです。こうした状態を実現した場合の効果が大きな仕事から進めるようにスケジュールを立てましょう。

また、マニュアルや手順書を作成する場合、項目とその仕事の階層レベルを統一しながら進めなければ活用しづらく、成果にはつながりません。マニュアル・手順書作成に取りかかる前に目次を作成し、フォーマットをしっかり決めることで、仕事分類方法やその階層レベルを統一することができます。

マニュアル・手順書で組織メモリーの空き容量を確保するために、本個別戦略の取り組み方で徹底していただきたい点が2つあります。

1つは、**会社の中でつねにマニュアル・手順書の作成が推進されている状態にすること**。もう1つは、**作成後は改善を継続的に行なうこと**です。

中小企業は、マニュアル・手順化できる仕事は多岐にわたりますし、新たな仕事やプロジェクトが導入されたときには必ずマニュアル・手順書を作成する機会も発生します。

また、マニュアルや手順書は実際現場で使ってみると、マニュアル・手順書どおりに仕事を進めることができない人が出てきたり、新たな気づきが出てきたりします。これらを加筆し、改善し続けることで確実に得られる成果も大きくなっていくのです。

◆戦略事例
マニュアル・手順書の整備・活用に取り組むことで、新たなプロジェクトに取り組む体制をつくり、組織の生産性向上と変革を実現する

◆アクションプラン事例
・マニュアル・手順書の作成推進と運用の仕組みの確立

## マニュアル作成のポイント

### ①作成の順序

マニュアルの効果が大きい仕事から進める

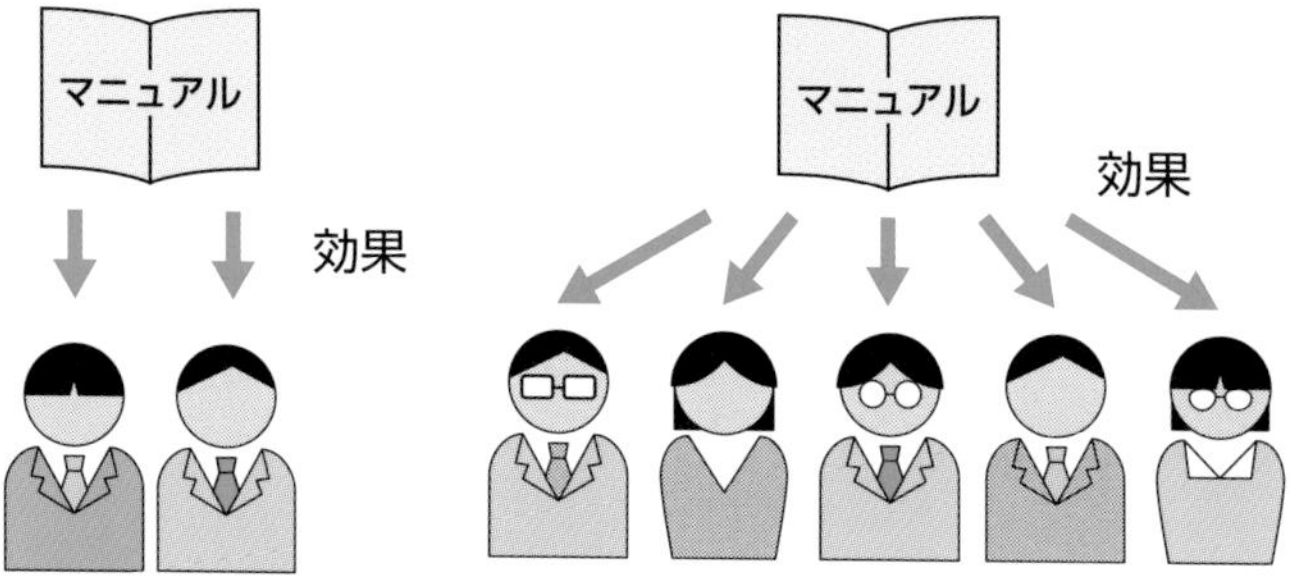


### ②目次フォーマットを決める

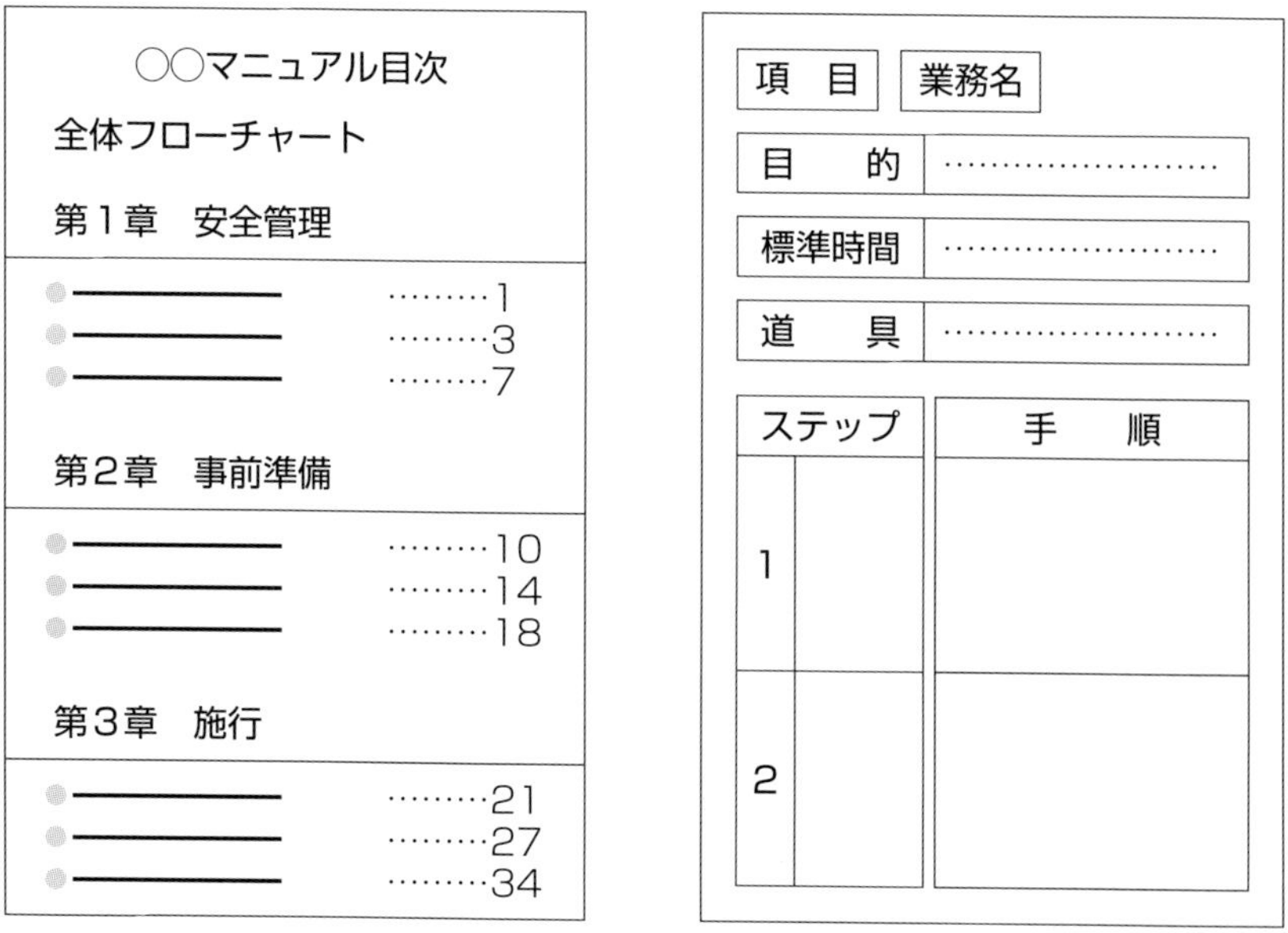

## （6）IT戦略

### 個別戦略15　ホームページ、SNSの活用

ホームページやブログ、フェイスブックなどのSNS、ユーチューブなどは、業種によって程度の差はあれ、集客や営業に欠かせない自社媒体、メディアとなっています。最近では、採用にも大きく影響を与えるようになってきました。

しかし、ホームページが何年も更新されていない、あるいは存在すらしない中小企業もあります。商品を購入する際、誰もが、その企業のホームページを見ることでしょう。もしそこで、ホームページが放置された状態だと知ると、訪れた人はマイナスの印象しか持ちません。

ホームページとSNSを活用し、自社の価値を十分発信できている状態を目指してください。

◆戦略事例
ホームページ、SNSの改善に取り組み、自社商品の魅力と価値を発信し、見込み客を継続的に獲得する

◆アクションプラン事例
・ホームページの改善と運用の推進。SNSの活用と効果検証

**個別戦略16**

## 社内システムの整備

社内のＩＴ化、システム化も中小企業では遅れている課題の１つです。

今ではＤＸ化などと称してさまざまなツールやシステムを売り込んでくる企業も増えました。しかし、言葉に惑わされずに自社に必要なものを見極め、基本的なものから着実に取り組んでください。時流に乗ったものであったり、業界で他社が取り入れたものを導入するも、まったく使えずに時間と大金を無駄にしたという中小企業は枚挙にいとまがありません。

◆戦略事例
社内システムの導入、運用を徹底し、業務の効率化と情報共有のスピード化を進め、コスト削減と生産性向上を実現する

◆アクションプラン事例
・在庫管理システムの導入
・グループウェアの導入、運用ルールの確立

次の項目を参考に、自社に必要なアクションプランとして取り組んでください。

・**パソコン、タブレットの導入と活用ルールの整備**
・**情報共有システム、社内メールの活用媒体、システムとそのルール**
・**スケジュール管理システムの導入と運用ルール**
・**商品・サービスの管理、分析システム**
・**経理・財務関連のシステム**
・**労務管理・給与計算などのシステム**
・**工程の進捗管理システムの検討、導入**

社内全体の業務の流れも考えながら、部門をまたいだ業務を管理・統制するシステムは互換性のあるものを選ぶのもポイントです。各業務担当者からあがってくる要望をそのまま聞き入れるのではなく、会社的な視点で連携させるべきデータや情報を踏まえてシステムやメーカー、会社を選ぶようにしてください。

システムの操作方法と運用のルールは、**【個別戦略14】マニュアル・手順書**として必ず整備し、活用する社員全員で共有します。

## 社内システムの整備取り組みのポイント

1　パソコン、タブレットの導入と活用ルールの整備
2　情報共有システム、社内メールの活用媒体、システムとそのルール
3　スケジュール管理システムの導入と運用ルール
4　商品･サービスの管理､分析システム
5　経理・財務関連のシステム
6　労務管理・給与計算などのシステム
7　工程の進捗管理システムの検討、導入

うちに必要
なのは…
2と3、7が同じクラウド上で
連携できるシステムにしよう！

## (7) 財務戦略

### 個別戦略17　目標達成状況把握・分析

繰り返しますが、「戦略」の目的は「目標の達成」です。毎月の達成状況を社長とリーダー全員で共有し、達成・未達成の要因を把握しておくことが重要です。そのために必要な実績や分析数値を適正なタイミングで共有できる状態としておくことが、この個別戦略の目的です。

次の指標から必要なものを選び、目標に対する達成率を一覧表にしてアクションプラン推進メンバー全員で常時共有します。毎月のアクションプラン会議で結果の分析とその要因について議論し、対策を実行します。

**◆指標**

- **売上、粗利益、営業利益と各目標達成率、対前年伸び率**
- **売上、粗利益、営業利益の移動累計の推移**
- **粗利益率、経常利益率**
- **新規顧客数、総取引先数**
- **顧客1社（1人）あたり売上、粗利益**
- **社員1人あたり粗利益、売上　など**

◆戦略事例
目標とする重要指標の達成状況をつねに共有し、スピーディに原因究明と対策を講じることで、事業計画を達成する

◆アクションプラン事例
・業績数値達成状況の把握と対策

このアクションプランを通じて目指してほしいのが、目標達成の確率を予測し、事前に対策を打てる状態です。試行錯誤しながら分析を進めることで半年後や1年後、3年後など先の予測ができるようになってきます。そこへ影響するキーとなる指標を発見できれば、安定した経営が行なえるようになります。永続的に発展していく組織を築くためには、重要な戦略です。

なお財務戦略においては、このほかにもM&Aや資金繰りの改善などについて戦略的に取り組む必要がある企業もあるでしょう。しかし、一般的にこうした戦略やアクションプランはリーダーや社員と情報共有できず、社長のみ、あるいは経理担当者だけで進めることになります。本書がテーマとするリーダーのマネジメント力育成や社員の戦略実行力につながることはありませんので、ここでは取り上げていません。

第 4 章

# 戦略は「アクションプラン」で実行する

～業績を向上させ続ける戦略PDCAの仕組み

# 1 3つのPDCAが「戦略」を成果に導く

## ■「戦略」を成果につなげるポイント

本章からは、成果に対して80％の影響を与える戦略〝実行〟の手順とポイントを解説します。

戦略は「3つのPDCA」をまわすことで、継続した成果を得ることができます。

「アクションプラン」「個人アクションプラン」「評価制度」の3つです。

・「アクションプラン」のPDCA

自社の「戦略」を直接推進していくためのPDCAです。ここがまわり続けていないと、本来会社が目指すべき目標は達成できません。

・「個人アクションプラン」のPDCA

会社の戦略から社員個々人に落とし込まれた役割や課題をPDCAでまわします。

・「評価制度」のPDCA

戦略を実行、成果を期待できる人材を育成するために評価のPDCAをまわしていきます。

## 戦略で組織を成長させる３つのPDCA

アクションプラン運用サイクル

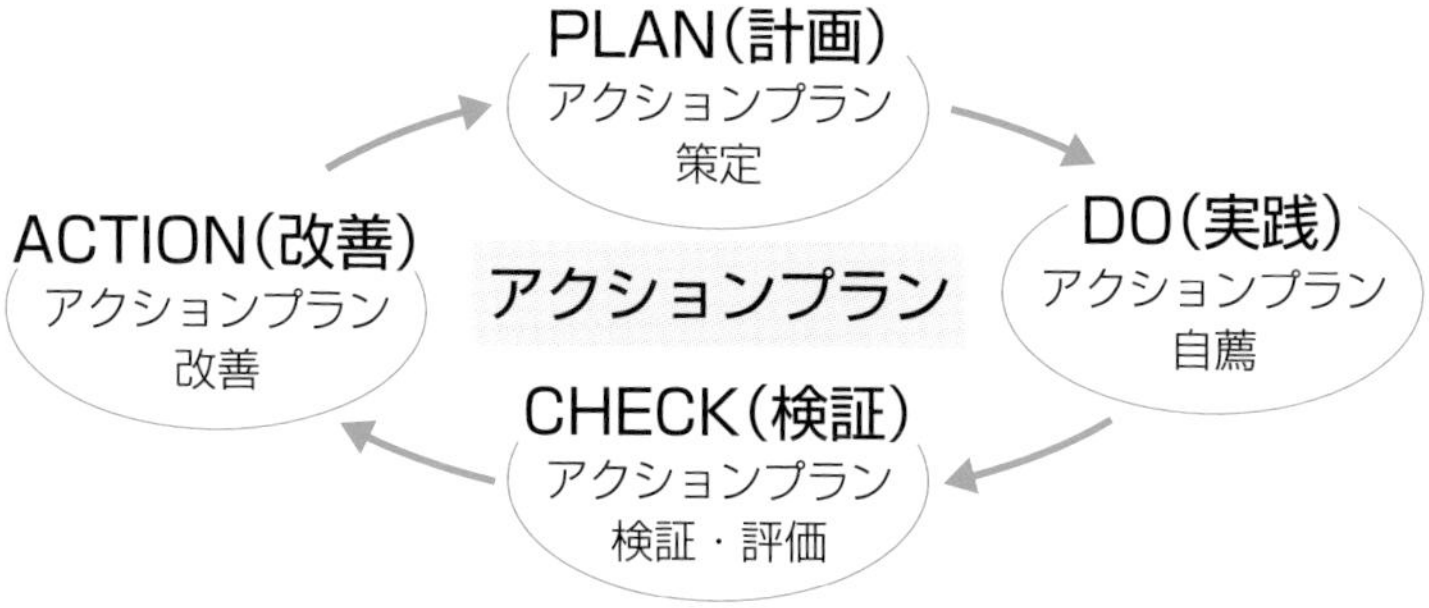


評価制度運用サイクル

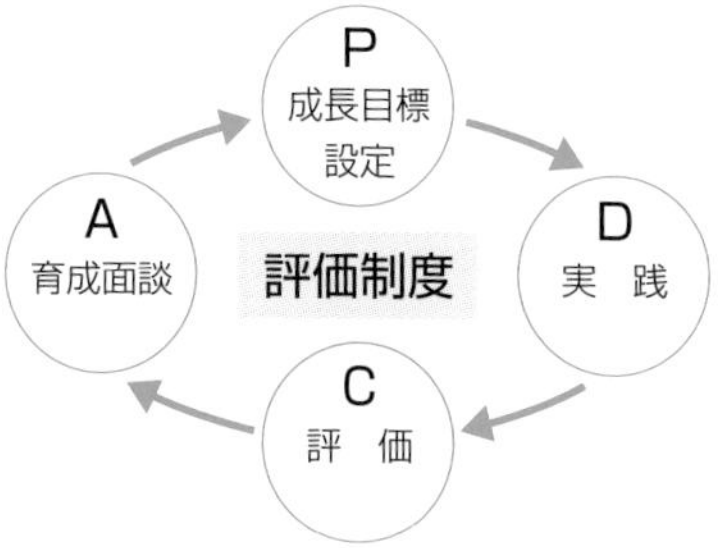


個人アクションプラン運用サイクル

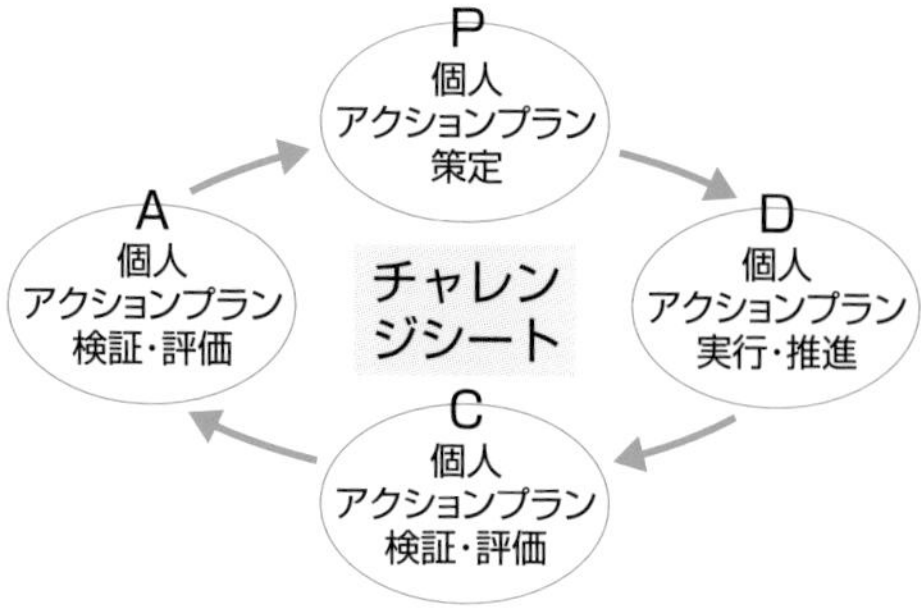

## ＰＤＣＡの基本を理解しておこう

本題に入る前に、「戦略」で成果を上げるうえでカギを握る「ＰＤＣＡ」と基本プロセスについて念のため確認しておきます（すでにご存じの方は、読み飛ばして先に進んでください）。

ＰＤＣＡは、ＰＬＡＮ（計画）、ＤＯ（実行）、ＣＨＥＣＫ（検証・評価）、ＡＣＴＩＯＮ（改善・対策）のプロセスを通じて業務の質を高めること、と説明される場合が多いと思います。しかし、組織全体で成果につなげるためにはこれだけの理解では難しいでしょう。

ＰＤＣＡは学習のサイクルです。ＰＤＣＡを通じて、社員全員の学習を促進し、成長させることで人材力の強化を図ることができます。そして最終的には、組織のあちこちであらゆる業務のＰＤＣＡがまわり続けている、という状態を目指してください。

こうした状態まで持っていくことができれば、あなたの会社全体が〝学習する組織〟となり、自動的にＰＤＣＡを通じて全社員が成長し、さまざまな業務の質が高まります。その結果、業績と生産性も向上し続ける組織とすることができるのです。

そのために重要なのが、〝**進め方**〟と〝**業務上の言葉**〟**を全社員で共有すること**です。

まず、ＰＤＣＡの進め方をわかりやすく解説すると次のようになります。

よく考えて実行計画を組み立て〈PLAN〉、しっかり実行し〈DO〉、結果を検証したうえで〈CHECK〉、それをもとに新しいものを加えてさらに高い精度を目指して実行する〈ACTION〉。ここまでできてはじめて「PDCAのサイクルを1回まわした」ことになります。

次に〈PLAN〉〈DO〉〈CHECK〉〈ACTION〉に該当する言葉をあげておきます。

**〈P〉実行計画、企画、活動計画、プラン、プランニング、施策、新しい試み、仮説　など**
**〈D〉実施、実行、実践、行なう、推進、取り組む　など**
**〈C〉効果検証、検証、測定、評価、総括、振り返り、確認、原因追及（究明）　など**
**〈A〉改善、対策、やり方の見直し、進化、再設計　など**

日ごろ、みなさんが業務上で使っている言葉も多いと思いますが、PDCAそれぞれにあたる言葉の定義を共有することは非常に重要です。「戦略」を推進する過程で、メンバー全員が共通言語を理解したうえで使うことにより理解が深まり、PDCAの推進と成果が加速します。

また、本書でご紹介する「ビジョン実現型人事評価制度®」で、3つの仕組み、「アクションプラン」「個人アクションプラン」「評価制度」すべてが〝永遠に〟まわせるようになります。これが、社員が成長し続ける組織につながるのです。

# 2 「アクションプラン」のPDCAが成長組織に導く

## 「戦略」は「アクションプラン」で実行する

それでは、「戦略」の具体的な実行手順を解説していきましょう。

「戦略」は、前述の「3つのPDCA」の1つ目、「アクションプラン」で推進します。第4章の「◆アクションプラン事例」として、推進のための項目についてはご紹介してきました。

しかし、**【個別戦略1】顧客情報管理・活用の仕組みづくり**では、顧客情報管理の仕組みづくりと推進というアクションプラン事例をご紹介しましたが、これだけでアクションプランのPDCAがまわせるわけではありません。どのくらいの「成果」を目指して、「誰が」「どのような手順」「スケジュール」で仕組みづくりを推進するのかを具体的に決めて、そのアクションプランにかかわる社員全員に周知しておくことが大切です。

この「誰が」に当たる担当者をリーダーとし、アクションプラン進捗を任せることで戦略を実行します。つまり、アクションプランのPDCAをリーダーがまわすことで、マネジメント力を身に着け、社長が行なっていた組織マネジメントをリーダーに任せることができるのです。

## アクションプランのPDCAサイクル

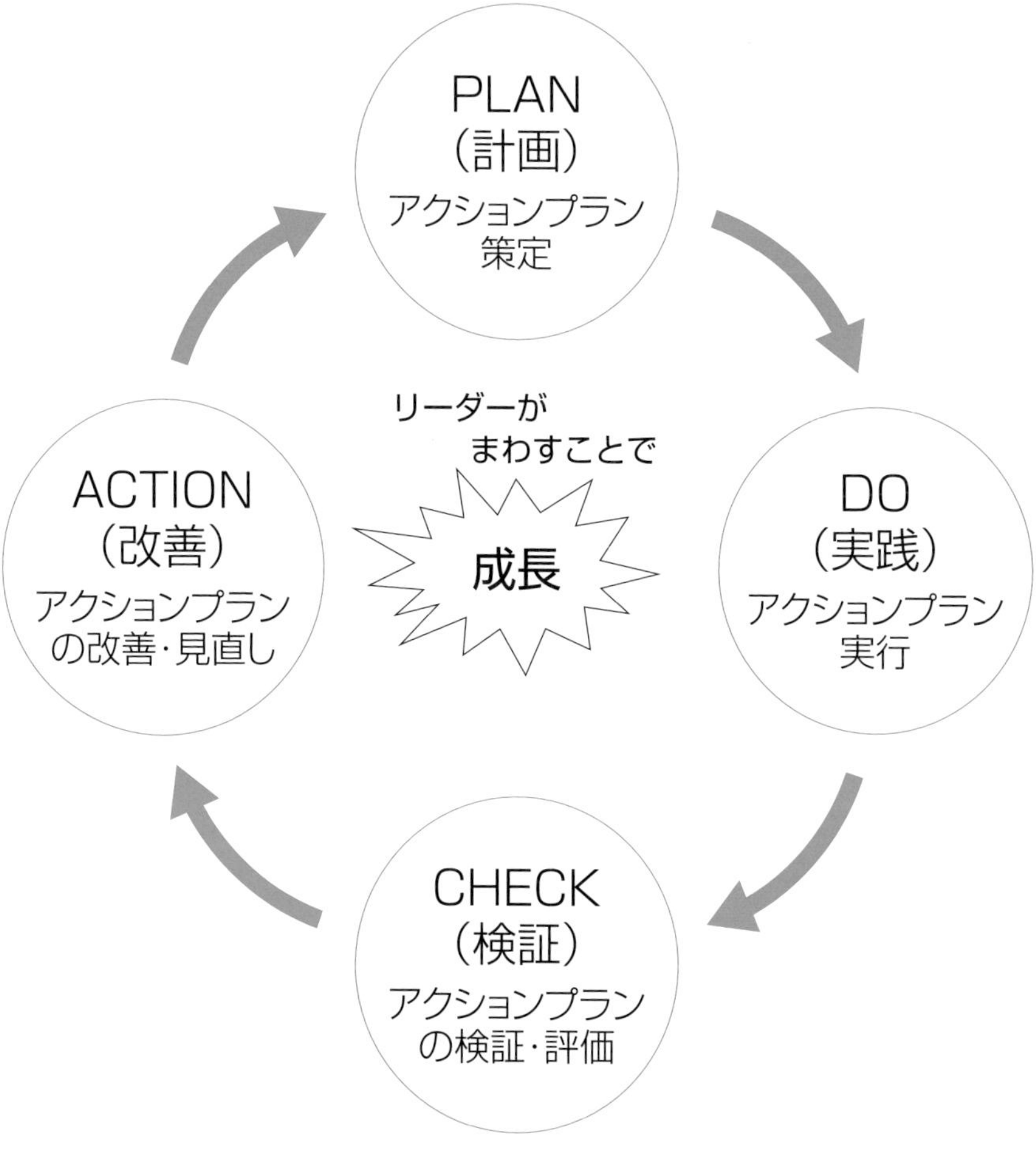


**アクションプランのPDCAを
まわすことでリーダーが成長する！**

| | 進捗管理 | | | | | | | | |
|---|---|---|---|---|---|---|---|---|---|
| | 4月 | 5月 | 6月 | 7月 | 8月 | 9月 | 10月 | 11月 | 12月 |
| 推進 | ①現状顧客管理状況、課題の把握 | ②顧客管理ツール検討<br>③顧客情報収集項目検討 | ④顧客情報入力フォーム作成<br>⑤顧客管理入力、管理ルール検討<br>⑥顧客情報共有、活用ルール決定 | ⑦運用スタート→ | → | → | ⑧効果検証→<br>⑨改善運用 | → | → |
| | 各営業が個人で把握、会社として共有している情報は皆無 | ②エクセルその他システムに関しては各社内容を聞く必要がある<br>③顧客情報項目案12項目 | | | | | | | |
| | ・まったく情報を残していない営業社員が半数以上<br>・まさに個人商店状態 | ・まずはエクセルでやってみる。同時にクラウドシステムなど情報収集、調査<br>・運用しながら必要な項目は追加、修正していく | | | | | | | |
| 推進 | ①顧客ランク指標の検討 | ②顧客ランクマトリクス作成 | ③コミュニケーションルールの検討、決定<br>④③の担当者決定 | ⑤運用スタート→ | ⑥推移、効果検証 | | | | ⑦コミュニケーションルール見直し |
| | | | | | | | | | |
| | | | | | | | | | |

推進手順をスケジュールに落とし込む

アクションプラン推進レポートの内容を転記

アクションプラン会議で議論されたポイントや決定、共有事項を記録

# 戦略・アクションプラン推進表

| 分類 | 戦略NO | 戦略内容 | AP NO | アクションプラン | 成果指標 | 推進手順 | 推進責任者 |
|---|---|---|---|---|---|---|---|
| 顧客戦略 | 1 | 顧客情報の管理・活用の仕組みづくりに取り組み、情報の共有と活用を徹底、顧客の課題解決を行なうことで、既存客の売上拡大を実現する | (1) | 顧客情報管理の仕組みづくりと推進 | 既存客売上10%増 | ①現状顧客管理状況、課題の把握<br>②顧客管理ツール検討<br>③顧客情報収集項目検討<br>④顧客情報入力フォーム作成<br>⑤顧客管理入力、管理ルール検討<br>⑥顧客情報共有、活用ルール決定<br>⑦運用スタート<br>⑧効果検証<br>⑨改善運用 | 佐藤常務 |
| | 2 | 顧客育成の仕組みづくりに取り組み、顧客との関係性を強固にすることで、圧倒的ファンの増大と収益の向上を実現する | (2) | 顧客ランクの明確化とコミュニケーションルールの実践 | 年間購買額20%アップ | ①顧客ランク指標の検討<br>②顧客ランクマトリクス作成<br>③コミュニケーションルールの検討、決定<br>④③の担当者決定<br>⑤運用スタート<br>⑥推移、効果検証<br>⑦コミュニケーションルール見直し | 中尾部長 |

アクションプランをどのような手順で実行していくのか具体的な手順を決める
手順にＰＤＣＡサイクルを盛り込むのがポイント

成果指標は数値で各アクションプランのゴールを示す

ではまず、「アクションプラン」のPDCAサイクルと、アクションプラン推進に必要なツールをご紹介しましょう。

〈アクションプラン実行サイクル〉

**【1】PLAN（計画）……………アクションプラン策定**
**【2】DO（実行）………………アクションプラン実行**
**【3】CHECK（検証）…………アクションプラン検証・評価**
**【4】ACTION（改善）…………アクションプラン改善・見直し**

〈アクションプラン　ツール〉

**【1】戦略・アクションプラン推進表**
**【2】アクションプラン推進レポート**
**【3】アクションプラン会議要領**

アクションプランのPDCAを、確実にまわし成果を得るためには、全社員がこのPDCAサイクルとアクションプラン推進表を理解し、全リーダーが3つのアクションプランツールをルール通りに活用することがポイントです。

## アクションプランのPDCAで目標を達成するポイント

### アクションプランのPDCAサイクル

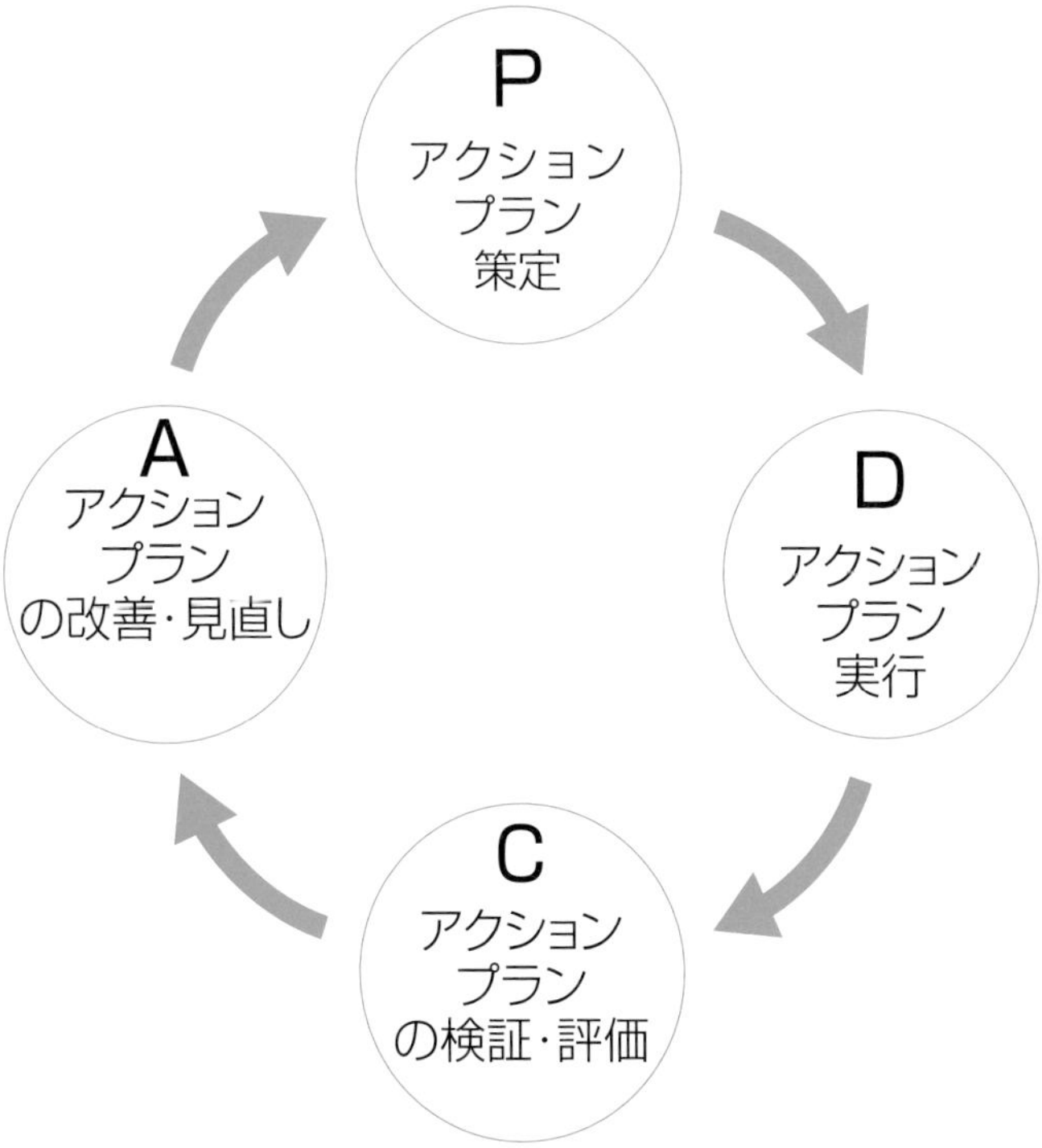


全社員が理解

1. 戦略・アクションプラン推進表
2. アクションプラン推進レポート
3. アクションプラン会議要領

全リーダーが手順とルールを守って活用することができる

## 実行サイクル1　PLAN（計画）――アクションプランを策定する

「アクションプラン策定」は、**【戦略・アクションプラン推進表】**を作成するステップです。まず、196～197ページを見て全体のレイアウトとイメージをつかんでください。具体的には、次の5つの項目を決めて戦略・アクションプラン推進表に記入していきます。

戦略・アクションプラン推進表の各項目の作成手順とポイントをご説明しておきましょう。

### 1【アクションプラン】

「戦略」を実行し、目標を達成するために「何を」行なうのかを決めます。1つの戦略に対して複数の「アクションプラン」が必要な場合もあります。

### 2【成果指標】

「アクションプラン」を通じてどのような成果、結果を目指すのか、数値で計測できるゴールを定めます。「金額」「件数」「比率（パーセンテージ）」「時間」「個数」「人数」など工夫してゴールが明確になる数値による指標を設定しましょう。

### 3【推進手順】

「アクションプラン」を「どういう手順で」行なっていくのかを具体的に決めます。実行する順番に、手順に番号を振り箇条書きで明記します。

この手順の中に、PDCAのサイクルを入れるのがポイントです。

197ページの戦略・アクションプラン推進表の**「顧客情報管理の仕組みづくりと推進」**の推進手順では、①～⑥がPLAN（計画）の段階、⑦でDO（実行）して、⑧でCHECK（検証）、⑨でACTION（改善）となっているのがわかります。

**4【推進責任者】**

「アクションプラン」を「誰が」推進、管理していくのかを決めます。この推進責任者を管理層のリーダーとし、彼らに任せることでマネジメント力を身に着けてもらいます。

**5【推進スケジュール】**

**3【推進手順】**を具体的なスケジュールに落とし込みます。基本的には、推進手順であげた項目の番号をそのままスケジュール表に転記し、継続して実行する場合は矢印などを使ってできるだけわかりやすく表記します。

これらの5項目を、社長とリーダー全員で決めていきます。

ここでいうリーダーは、各部門の所属長、店舗の店長クラスの人を指します。

このとき、資料やデータのとりまとめや作成を行なう担当者が必要です。リーダーが兼任してもよいのですが、アクションプランの議論に集中できるよう、リーダー以外から選んでもよいでしょう。

「アクションプラン策定」は、メンバーがそろったからといって、一度の会議ですべてが決まる内容とボリュームではありません。次の手順で各メンバーの提案や意見を集約、検討しながら完成させてください。

## アクションプラン策定の流れ

### Ⅰ　アクションプランキックオフ

「アクションプラン」の目的、役割の説明を行ない、その重要性をメンバーにしっかり落とし込みます。メンバーには「戦略・アクションプラン推進表」に戦略のみを記入したフォーマットを渡します。

**1【アクションプラン】〜4【推進責任者】**までを宿題とし、次の会議と宿題の提出期日を決めてキックオフは終了です。

### Ⅱ　アクションプラン作成

メンバーは、期日までに**１【アクションプラン】～４【推進責任者】**を作成し、とりまとめ担当者へ提出します。このとき、自分の関係する部門や業務の分野のみではなく、すべての「戦略」に対して「アクションプラン」の案を考え提案します。

とりまとめ担当者は、次の会議前までに、１つの「戦略・アクションプラン推進表」にまとめ、メンバー全員に渡しておきます。

### Ⅲ　アクションプラン検討会議①

「アクションプラン検討会議」を開催します。

各メンバーから自分の提案した「アクションプラン案」の必要性や根拠を発表してもらい、全員で検討して**【アクションプラン】【成果指標】【推進手順】【推進責任者】**を仮決定します。

### Ⅳ　推進スケジュール作成

Ⅲで決まった**【推進責任者】**が、**【推進スケジュール】**欄にスケジュール案を作成します。また、その根拠となる**【推進手順】**も、きちんと成果指標をクリアできる手順となっているのか、推進の責任者として再確認しておきます。

とりまとめ担当者に提出し、「戦略・アクションプラン推進表」に統合します。

## Ⅴ　アクションプラン検討会議②

**【推進責任者】**が作成したスケジュール案でよいのかどうかをメンバー全員で議論し、決定します。

もちろん、全体も再確認し、成果指標は戦略の実行や目標達成につながるものになっているか、手順は妥当かなども意見を出しあい、「戦略・アクションプラン推進表」を完成させます。

ここまでで、「戦略・アクションプラン推進表」が完成し、PLAN（計画）のアクションプラン策定のステップが完了します。これでようやく、アクションプランのDO（実行）のための準備ができたということになります。

**「戦略・アクションプラン推進表」は、期初にはできていて、実行にとりかかることができる状態が理想です。**ということは、戦略立案、アクションプラン策定の時期は、期末の3カ月くらい前から計画的に取り組んでおく必要があります。

中小企業のリーダーはプレイングマネージャーばかりですから、段取りよく進められるように、会社の年間計画に組み入れて、あらかじめリーダーの時間を確保しておきましょう。

策定した「戦略・アクションプラン」は経営計画に盛り込み、期初に開催する「経営計画発表会」の場で全社員に共有します。

## PLANでアクションプランゴールのストーリーを描く

**Ⅰ　アクションプランキックオフ**

期初の3カ月前

メンバーと重要性を共有

↓

**Ⅱ　アクションプラン作成**

1.アクションプラン　2.成果指標
3.推進手順　4.推進責任者
を作成し、とりまとめて担当者に提出

↓

**Ⅲ　アクションプラン検討会議①**

1～4を仮決定

↓

**Ⅳ　推進スケジュール作成**

↓

**Ⅴ　アクションプラン検討会議②**

期初には完成！

戦略・アクションプラン推進表完成
期初には完成！

## 実行サイクル2　DO（実行）——アクションプランを実行する

さあ、いよいよ【アクションプラン】を実行に移します。各推進責任者が【推進スケジュール】にもとづいて、実行に着手します。

もちろん、計画ができたからといって、その手順にそって実行すれば成果が得られるというわけではありません。

メンバー以外の社員にも役割を任せ、協力してもらいながら進めるアクションプランも少なくありません。事前に、どのような役割や作業が発生して、仕事を振る場合は誰が適任かということも考えながら推進する必要があります。また、さまざまなデータや情報を集めて分析したりする必要性が出てくることもあるでしょう。その場合、他部門や取引先などの外部の協力を得なければ進まない、といったケースも考えられます。

実は、こうしたこれまで経験したことがないことに、推進責任者であるリーダーが試行錯誤しながら取り組むことによって、戦略を推進できるマネジメント力を身に着け、真のリーダーとして成長していくのです。

経営計画発表会で社員は戦略・アクションプランの説明を受け、経営計画も持っていますから、その内容は知っています。しかし、これだけで社員が動いてくれるわけではありません。
まず、リーダーが自分の部門に持ち帰って、「アクションプラン」の目的や必要性、会社がなにを目指しているのかをきちんと説明しなければなりません。そして、現場の業務がどのように変わるのか、それによって、自分たちの仕事や環境がどうよくなるのかまで伝えることができなければ、部下たちは快く動いてはくれないでしょう。
一般的に部下たちは、日々の業務に加えて新たなことに取り組まなければなりませんから、仕事が増えるとしかとらえません。また、変わること、新しいことに拒否反応を示す人も多いものです。一筋縄ではいかない場合もあるはずです。

しかし、アクションプランにかかわることで、ハードルにつまずきながらもまわりを巻き込み成果へ導いていくプロセスを経験します。こうした実際の現場の実体験を通じて、マネジメント力を身に着け、真のリーダーとして大きく成長することができるのです。

リーダーは、自部門でアクションプランをスムーズに推進するために、**「アクションプラン部門（店舗・チーム）ミーティング」を毎月開催します**。ここで、先のアクションプランの重要性などを部下に浸透させるとともに、役割分担や推進上の課題を把握し、解決のためのアドバイスや支援を行ないます。

## 実行サイクル3 CHECK（検証・評価）――「アクションプラン会議」を毎月開催

「アクションプラン」のCHECK（検証）は、「アクションプラン会議」を毎月開催し、実施します。

アクションプラン推進において、重要な位置づけにあるのが、CHECKのプロセスです。このプロセスがないとアクションプランがなりゆき任せになってしまうからです。

「アクションプラン会議」の開催の手順と進め方は、次の通りです。

【開催日時】

前月の実績や内容を振り返り、当月の行動にスピーディに反映できるように、10日くらいまでに実施するとよいでしょう。また、日時、あるいは曜日を決めて（毎月5日10：00～12：00、第一金曜日15：00～17：00など）開催したほうが、毎月定例化されメンバーのスケジュールも押さえやすくなるでしょう。

【開催準備】

リーダーは「アクションプラン部門ミーティング」で、進捗状況と成果を把握し、「アクションプラン推進レポート」（211ページ参照）に記入し、決められた期日までに**【推進責任**

**者】** に提出します。

推進責任者は、「アクションプラン推進レポート」を戦略・アクションプラン推進表の **【進捗管理】【実施】** 欄に転記、必要な場合は修正しまとめます。

「アクションプラン会議」前日には参加メンバーへ送付し、目を通しておいてもらいます。

**【開催要領】**

「アクションプラン会議」の進め方を決めた次第を作成し、参加メンバー全員で共有しておきます。２１２ページに事例をご紹介していますので参考にしてください。

**【参加者】**

社長、幹部、各部門の所属長、アクションプラン推進責任者が参加します。

また、アクションプランの推進を直接担当している社員から状況説明などが必要な場合は、適宜参加してもらいます。

**【司会】**

司会は社長以外でいちばん会議の進め方がうまい人とし、固定しておいたほうがよいでしょう。参加者の意見を引き出しながら、生産性の高い会議を運営できる人を選びましょう。

## 「アクションプラン会議」の進め方

### 1【アクションプラン取り組み状況、成果報告】推進責任者

・アクションプランの進捗状況、実行で得られた成果
・データ収集や分析結果などの共有
・予定どおりに進んでいない場合はその原因と対策を報告

### 2【アクションプラン検討】

・1の報告内容への質疑、補足説明
・予定どおりに進んでいない項目に対するアドバイス、課題解決、他部門などへの協力要請
・成果が出なかったアクションプランの原因把握、アドバイス、提案、改善事項、スキルを持った人物や他部門などへの協力要請

### 3【アクションプランの記録】

・「戦略・アクションプラン推進表」の【実施】欄に進捗報告とそのほか報告事項を記録
・【課題共有】欄に新たな決定事項や次回までの課題、課題に対する解決策や障害を取り除くための対策、アドバイスや協力要請など共有すべき内容を記録
・実行が決まった事項は必ず期日を決めて【実施】【課題共有】欄に「日にち」を記入する

## 2023年度 アクションプラン進捗レポート

2023年6月

報告者：　佐藤英彦

| APNo.1 | 実行項目 | 評価 | 実行したこと | 実行日 | 得られた成果・気づき・共有事項 | 課題・障害となっていること、解決策 |
|---|---|---|---|---|---|---|
| (1) | 顧客情報管理の仕組みづくり | B | ②顧客管理ツール検討 | 5月23日 | ・エクセルからスタートすべき？ | ・クラウドなどの他のシステムの内容を把握するのには時間がかかる |
| | | A | ③顧客管理情報収取項目検討 | 5月24日 | ・会社情報の他<br>社長年齢、家族構成<br>役員名、決裁権限者<br>それぞれの社歴、趣味、興味のある話題など<br>・競合他社　取引金額 | ・営業社員それぞれで意見が分かれるとことがあるのでアクションプラン会議で吟味する必要がある |
| | | | …… | …… | …………………… | …………………… |
| | | | …… | …… | …………………… | …………………… |
| | | | …… | …… | …………………… | …………………… |

評価：S：スケジュール通りに推進し、成果につながった
　　　A：スケジュール通りに推進できた
　　　B：課題や障害はあったが実行できた
　　　C：スケジュールから遅れている
　　　D：ほとんど手つかずだった

## アクションプラン会議要領

開催日：毎月第１金曜日　16:00〜18:00
司　会：森田
出席者：中村社長、佐藤常務、中尾部長、田中マネージャー、福本マネージャー、長谷川マネージャー

| NO. | 項　目 | 内　容 | 時　間 | 担　当 |
|---|---|---|---|---|
| 1 | 理念唱和 | ・経営理念、基本方針、行動理念の唱和 | 16:00〜16:05 | 全員 |
| 2 | 前月業績報告 | ・前月目標達成状況<br>・傾向分析結果報告<br>・異常値報告<br>・今期達成状況、見込み | 16:05〜16:25 | 中尾 |
| 3 | 新規見込先共有 | ・新規見込先、進捗、確度共有 | 16:25〜16:35 | 田中 |
| 4 | アクションプラン報告 | ・進捗報告<br>・成果、気づき、課題共有<br>・情報共有<br>・スケジュール変更、協力要請など | 16:35〜17:45 | 各担当者 |
| 5 | 期日の確認 | ・次回開催までの宿題期日<br>・アクションプラン推進レポート期日<br>・次回開催日の確認 | 17:45〜18:00 | 森田 |

## 実行サイクル４　ＡＣＴＩＯＮ（改善・見直し）　アクションプラン改善で効果を上げる

「アクションプラン会議」の中で意見を交わしたアドバイスや提案、協力要請などをもとに、早速リーダーには改善に取り組んでもらいます。

アクションプラン会議を通じて、【２】ＤＯ（実行）でスケジュールどおりに進められなかったり、成果不足だった事項に対して、対策や解決の方向性が議論されているはずです。実行手順や内容の軌道修正、新たな方法、手順の追加、取り組みメンバーの追加など、改善はさまざまだと思いますが、成果を最大化させるために動きます。

ここからは、【３】ＣＨＥＣＫ（検証）と【４】ＡＣＴＩＯＮ（改善）を繰り返します。こうすることで、戦略・アクションプランの目標への貢献度を高め、リーダーの戦略・アクションプラン推進力が必然的にアップします。

リーダーのなかには、最初は社長の指示のもと期日に追われながらなんとかこなしているという人もいるものです。また、形式的な進め方になってしまうことも考えられます。

しかし、とくに社長が決意と覚悟を持って、成果が出るまで徹底してやり抜くことで、リーダーが成長し、自分自身が次の目標へチャレンジできる組織とすることができるのです。

## アクションプランの改善

**改善する項目**

- [2] Doでプランどおり進められなかった、成果不足だった項目

↑

CHECK→ACTIONを繰り返す

リーダー　社長

社長が決意と覚悟を持って
徹底してやり抜く

＝

**リーダーの成長につながる**

# 3 「個人アクションプラン」で全社員が「戦略」を実行する

## 「個人アクションプラン」でアクションプランを全社員に落とし込む

ここまで「目標」↓「戦略」↓「アクションプラン」と落とし込み、アクションプランごとに推進責任者と推進スケジュールを決め、実行と検証をする手順をお話ししました。これを主体的に実行することが、「経営計画」を達成するために必要なリーダーの重要な役割です。

ここで紹介する次のステップではさらにリーダーから社員に、つまり、「アクションプラン」↓「社員全員の役割」に落とし込みます。これが2つ目のＰＤＣＡ**「個人アクションプラン」**です。

「アクションプラン」では、ＰＤＣＡサイクルの実践を通じてリーダーを成長させることができることをお伝えしました。この「個人アクションプラン」では、社員とリーダー双方の成長を実現することができます。

どうやって実現するのか、早速ご紹介していきましょう。

「個人アクションプラン」もアクションプランと同様、ＰＤＣＡサイクルをまわします。

## 個人アクションプランのPDCAサイクル

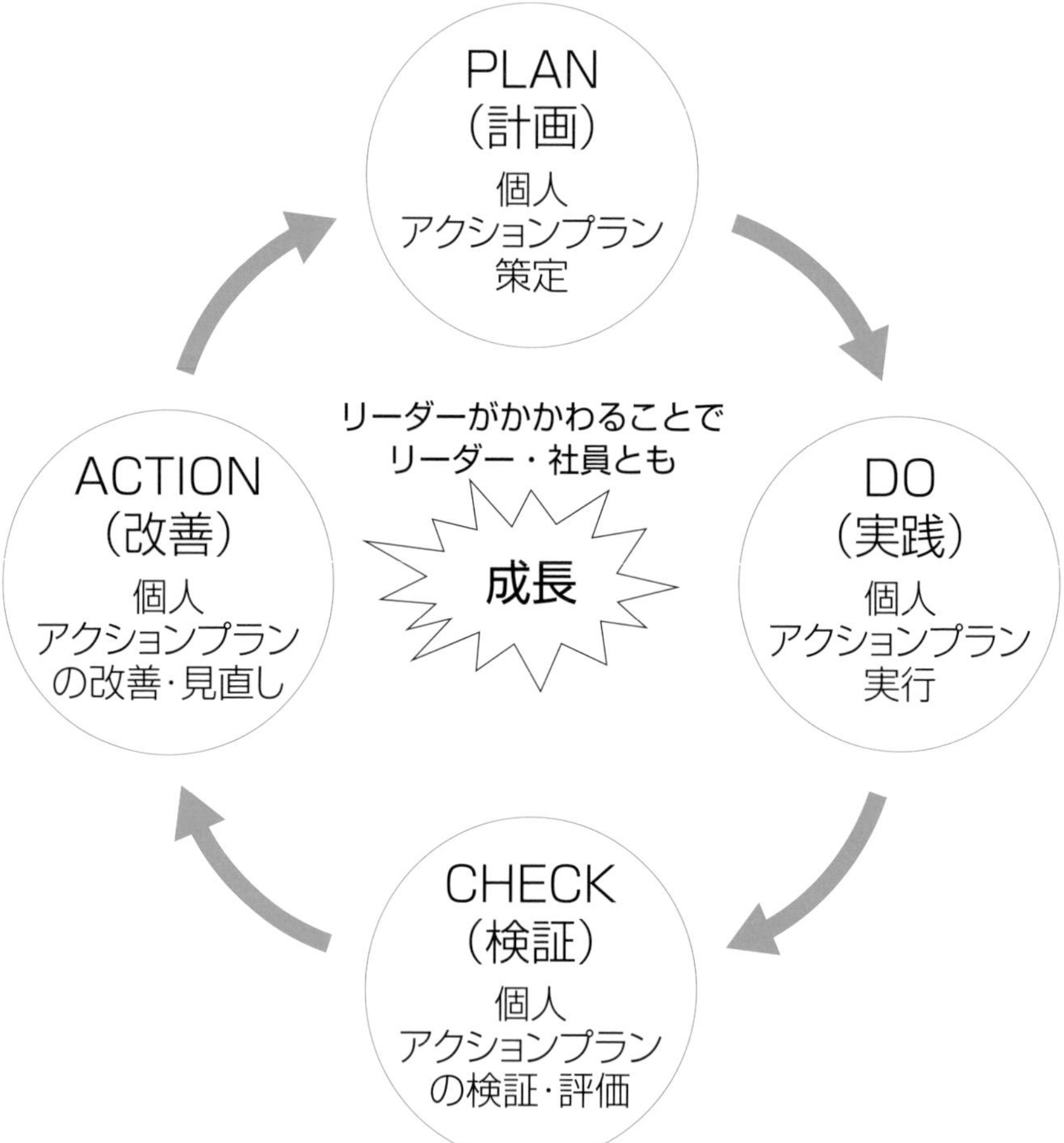


アクションプランのPDCAを「チャレンジシート」でまわすことで、全社員が戦略に取り組むことになる

〈個人アクションプラン　運用サイクル〉

【1】PLAN（計画）……………個人アクションプラン策定
【2】DO（実行）………………個人アクションプラン実行
【3】CHECK（検証）…………個人アクションプラン検証・評価
【4】ACTION（改善）…………個人アクションプラン改善・見直し

〈個人アクションプラン　ツール〉

**チャレンジシート**

個人アクションプランのPDCAサイクルも、基本的にはアクションプランのサイクルと同じです。アクションプランとの違いは、個人アクションプランは、リーダーと部下との間でPDCAをまわしていくということです。

もちろん、PDCAを主体的にまわしていくのは社員本人ですが、CHECK（検証・評価）のステップでリーダーが上司としてかかわります。

## 「個人アクションプラン」のPDCAが目標達成度を押し上げる

「個人アクションプラン策定」では、会社のアクションプランにもとづいて、社員1人ひとりがどのようなことに取り組むのかを決めます。

256〜257ページの「チャレンジシート」の【個人アクションプラン】の項目と内容をご覧ください。

社員自身で適正な項目や内容を設定するのは難しいため、とくに導入初期はリーダーのアドバイスを受けて作成するのがよいでしょう。作成する項目は次の4つです。

### 実行サイクル1　PLAN（計画）——個人アクションプラン策定

#### 1【個人アクションプラン】

会社のアクションプランをもとに、そこに貢献するための自分自身の役割は何か、「個人アクションプラン」として具体的にします。

まずリーダーが、会社のアクションプランのなかで自部門がかかわるものをさらに具体的な実行項目に分解し、部下の役割として割り振り、個人アクションプランとするとよいでしょう。

**2【成果指標】**

「個人アクションプラン」に取り組むことで、どのような成果を目指すのかを明確にします。これも、できる限り数値で示す指標としましょう。

**3【推進手順】**

会社のアクションプランと基本的には同じ考え方で作成します。手順を番号で推進ステップごとに箇条書きで明記します。必ずＰＤＣＡのサイクルを盛り込むのがポイントです。

**4【推進スケジュール】**

3で作成した**【推進手順】**のステップの番号と実行項目をスケジュールに転記します。こちらは、3カ月分のスケジュールを作成し、四半期ごとに見直しながら推進します。

## 実行サイクル2　ＤＯ（実行）――個人アクションプラン実行

推進手順にもとづいて、個人アクションプランを実行してもらいます。

毎月月初に、**【実践内容・課題】**欄に、計画どおりに進んでいるか、成果指標の達成度合いや見込みについて記入します。

また、部門全体や他者と共有したほうがよい情報、成果を高めるための課題や改善点なども自身で考え記入し、上司に提出します。

## 実行サイクル3 CHECK（検証・評価）

「個人アクションプラン」は毎月振り返りチェックを行ないます。**「チャレンジ面談」**という場で、上司であるリーダーと本人の2人で行ないます。

あらかじめ、リーダーは本人から提出されたチャレンジシートの**【実践内容・課題】**をもとに、**【上司コメント】**欄に、達成を支援したり、課題を解決するためのアドバイスを記入しておきます。

そのうえで、本人と面談を行ないます。これが、「チャレンジ面談」です。できるだけ本人の成果につながるよう、部下のチャレンジシート提出後、3日以内で行なうのがよいでしょう。

「チャレンジ面談」は、次の手順で進めます。

**1【成果指標の確認】**
各個人アクションプランの成果指標を毎回確認します

**2【状況報告】**
本人から「個人アクションプラン」の取り組み状況、課題、悩みなどを報告してもらう

**3【支援・アドバイス】**
上司から推進支援、成果指標の達成に向けたアドバイスを具体的に行なう

## 実行サイクル4

## ACTION（改善・見直し）

必要に応じてチャレンジシートの推進手順などを修正し、現場で課題や改善、他者との情報共有などに取り組みます。改善・見直しを行なった結果どう変わったかを次の**【実践内容・課題】**として報告、チャレンジ面談に活かします。

最初は、**PLAN**で計画したとおりに実行できない場合もあるでしょう。それどころか、成果指標や推進手順を導き出せない社員も中小企業では多いです。

しかし、まずは上司であるリーダーがこれを習得し、アドバイスしながら進めることで、徐々に自分自身で目標設定とその解決に取り組めるようになってきます。

「個人アクションプラン」の運用は、社長が直接かかわらないため、全社員ができるようになるまでにはさらに時間がかかります。そのため、もどかしい面も出てくるかもしれませんが、これもやりきる覚悟で徹底してリーダーを導いていくことです。**「個人アクションプラン」のＰＤＣＡをリーダーがまわすことができるということは、戦略推進のマネジメントができるということです。こうして、リーダー、本人双方の成長をうながすことができるのです。**

また、**「個人アクションプラン」に全社員が取り組めている状態は組織全体の推進力を増大させ、競合他社に対し大きなアドバンテージとなります。**一般的に戦略と個人の役割は分離されていて、組織全体で戦略を推進している企業はごくわずかだからです。

第 5 章

# 「評価制度」が「戦略」で成果を出せる人材を育てる

# 1 「評価制度」で理想の人材づくりを推進する

## 「評価制度」が戦略で成果を出せる社員を育てる

ここまでに紹介したことを実行すれば、全社員が、「戦略」「アクションプラン」にそった自分の役割、仕事がわかった状態を実現できます。これを、社員全員が実行できれば目標はつねに達成できるわけですが、そうは簡単に事が運ばないことのほうが多いです。

理由は、**社員の戦略実行に必要な実力が、十分なレベルまで達していないから**です。中小企業では、本格的な戦略やアクションプランへの取り組みを経験するのははじめての社員がほとんどですから、無理もありません。

そこで、社員の戦略実行力を高めるために**「評価制度」**で人材育成に取り組みます。

会社のビジョンを実現できる社員を育てていくことが目的ですから、戦略以外の要素も「経営計画」から「評価基準」に落とし込んで運用することでこれを具現化できるのです。

まず、「評価基準」作成の手順、そして運用、すなわち3つ目のＰＤＣＡ、評価制度のＰＤＣＡのまわし方について解説していきます。

## 理想の人材を育てる評価基準

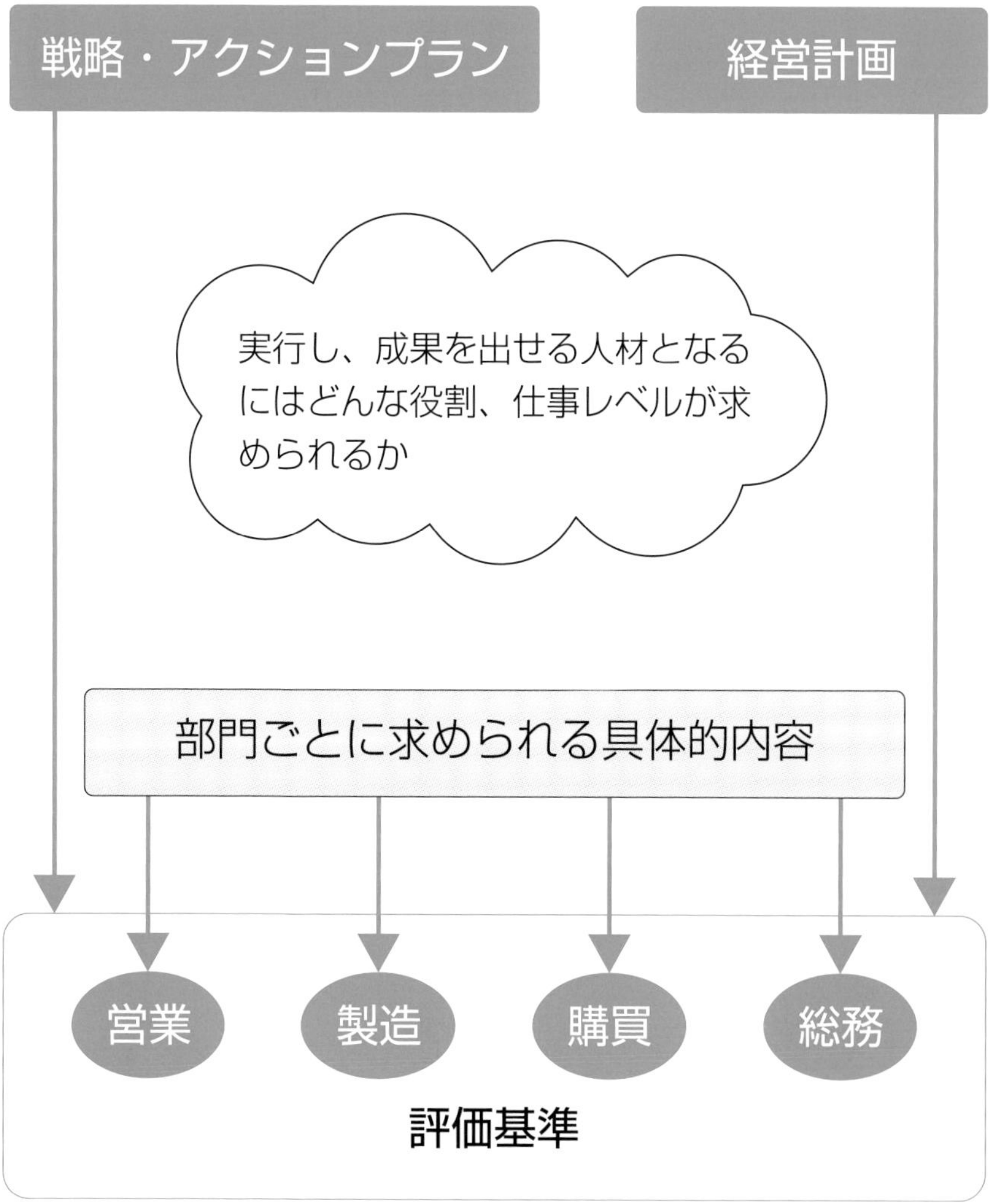

## 4つの視点で「評価基準」を作成する

「理想の人材」を育てるためには、「経営計画」から次の4つの視点を「評価基準」に落とし込みます。

**〈1〉「10カ年事業計画」**
**〈2〉戦略**
**〈3〉人材育成目標（10年後の社員人材像、ギャップを埋めるために必要な課題）**
**〈4〉行動理念**

それぞれ、どういった内容や項目を落とし込み、どういった効果が得られるのかをご紹介しましょう。

**〈1〉「10カ年事業計画」**

【落とし込む内容】会社の「売上」「粗利益」「経常利益」などの全社数値目標を達成するために部門や社員にもとめる業績数値項目。

【効果】社員個々人の目標と会社の目標が連動する。

**〈2〉 戦略**

【落とし込む内容】「戦略」「アクションプラン」を確実に実行するために必要な仕事、能力。

【効果】「戦略」「アクションプラン」を推進し、成果を出せる人材が育成できる。

**〈3〉 人材育成目標**

【落とし込む内容】「ギャップを埋めるために必要な課題」をクリアし、「10年後の社員人材像」となるために必要な能力やスキル、知識。

【効果】成長のためのスキルが具体的にわかり、「10年後の社員人材像」へ向かって全社員が着実に成長していく。

**〈4〉 行動理念**

【落とし込む内容】「行動理念」で示された指針、考え方、姿勢を現場で実践するにはどう行動したらよいか。

【効果】全社員が「経営理念」「基本方針」「行動理念」にそった行動ができ、考え方、行動がブレない組織となることができる。

これら4つの視点を落とし込んだ評価基準を作成、運用することで、社員を「経営計画」にそって行動するように導くことができます。
4つの視点は経営計画の構成要素であり、経営計画を実現するために不可欠なものばかりです。おのずと社員が経営計画の内容を実践する機会が増え、その達成度は確実に高まります。

特に、「戦略」の視点は重要です。
「10カ年事業計画」から落とし込まれた数値目標を達成することが、会社の成長のために各社員に求められるものです。
**数値目標を達成するためには、「戦略」から落とし込まれた役割を実行できる人材とならなければなりません。**そのために必要な能力が「人材育成目標」から落とし込まれた内容です。「行動理念」にそった行動ができていなければ、業績を上げることができたとしても、正しい上げ方ではありません。一時的なものとなったり、顧客や社会からの支持を失ってしまうことにつながる可能性もあります。

こうしたことから、「人材育成目標」、「行動理念」から作成した評価項目も、「戦略」を正しく確実に実行できる人材づくりのために設けられた評価項目であるともいえます。

では、次に4つの視点ごとに評価基準作成のポイントをお話ししていきましょう。

## 4つの視点を評価基準に落とし込む

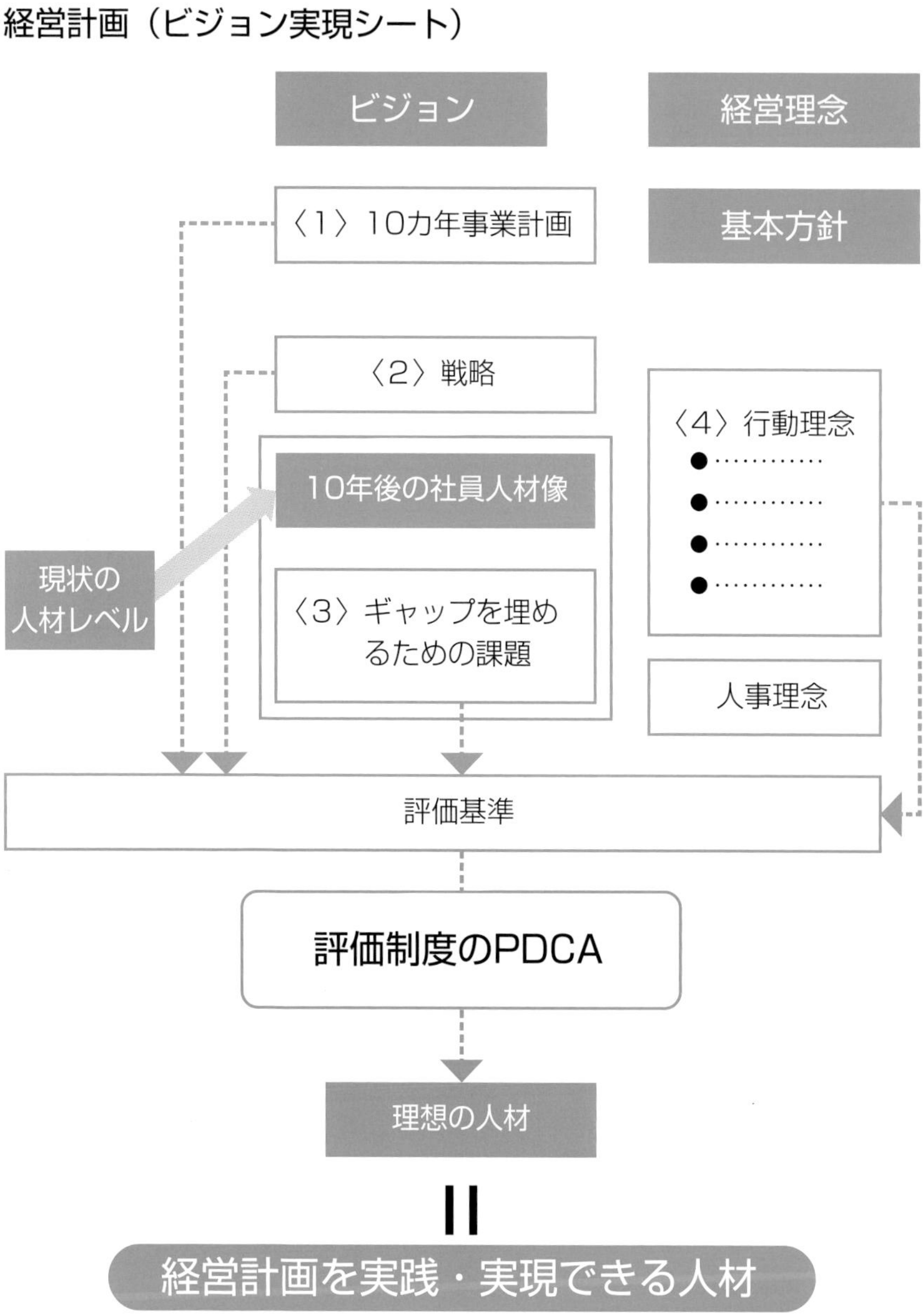

# 2 4つの視点で「評価基準」を作成する

## 「10カ年事業計画」で社員のベクトルを全社目標へ合わせる

「10カ年事業計画」の業績数値項目を評価基準の「業績評価項目」に落とし込みます。全社員が目指すべき数値目標を明確にし、それに向けて仕事に取り組む体制づくりを目指します。こうすることで、社員個々人の目標達成を部門、全社の目標達成へと結びつけていけます。

具体的には、「売上高」「粗利益」「経常利益」、それを達成するために必要な「新規開拓」や「顧客単価」など、数値として目指すべき目標はすべて「業績評価項目」に盛り込みます。

業種や職種によっても異なりますので、「評価基準」は職種別に作成します。

各職種、部門別の「業績評価項目」の事例を紹介します。参考にしてください。

**【営業職（部門）の「業績評価項目」】**

「売上高」「売上高前年伸び率」「粗利益額」「粗利益率」「新規開拓件数」「契約件数」「訪問件数」「取引額／1社あたり」「新商品販売数」「クレーム件数」など

**【販売職（部門）の「業績評価項目」】**

「売上高」「粗利益額（率）」「新規来店客数」「顧客単価」「リピート率（回数）」「商品購入点数／1人あたり」「経費」「人件費比率」「在庫回転率（数）」など

**【製造職（部門）の「業績評価項目」】**

「生産高」「原価率」「生産高／1人あたり」「リードタイム」「歩留まり」「設備稼働率」「ヒヤリハット提案件数」「改善提案件数」「製品クレーム件数」など

**【企画職（部門）の「業績評価項目」】**

「開発商品売上高」「新商品販売個数」「販促費用対効果」「新商品提案件数」「販促企画提案件数」「製品クレーム件数」「改善提案件数」など

**【総務・人事（部門）の「業績評価項目」】**

「研修実施回数」「マニュアル改善件数」「採用者数」「退職者数（率）」「改善提案件数」など

このように、「10カ年事業計画」から検討し、その達成に貢献する数値はすべて「業績評価項目」として評価基準に盛り込みます。

また、全社、部門（店舗・営業所など）、個人などの視点で業績評価項目を作成します。**こうすることで全社員が部門や全社の業績をつねに意識し、ベクトルがそろった組織になれます。**

# 会社の目標達成のために必要な部門や個人の数値目標を業績評価項目にする

## 現　状

- 売上　1,000百万円
- 粗利益　400百万円（40%）
- 営業利益　100百万円（10%）
- 経常利益　80百万円（8%）

（利益率）

## 法人営業部目標

- 売上　700百万円
- 粗利益　245百万円(35%)
- 営業利益　56百万円(8%)

## 個人営業部目標

- 売上　350百万円
- 粗利益　157百万円(45%)
- 営業利益　35百万円(10%)

それぞれの項目の合計値が上まわるように設定

## 法人営業部社員目標

（単位：百万）

| | 売上 | 粗利益 |
|---|---|---|
| Aさん | 220 | 77 |
| Bさん | 190 | 67 |
| Cさん | 120 | 42 |
| Dさん | 85 | 30 |
| Eさん | 50 | 18 |
| Fさん | 35 | 12 |

## 個人営業部社員目標

（単位：百万）

| | 売上 | 粗利益 |
|---|---|---|
| Gさん | 80 | 35 |
| Hさん | 70 | 32 |
| Iさん | 55 | 25 |
| Jさん | 40 | 10 |
| Kさん | 35 | 16 |
| Lさん | 25 | 11 |
| Mさん | 25 | 11 |
| Nさん | 25 | 9 |

それぞれの項目の合計値が上まわるように設定

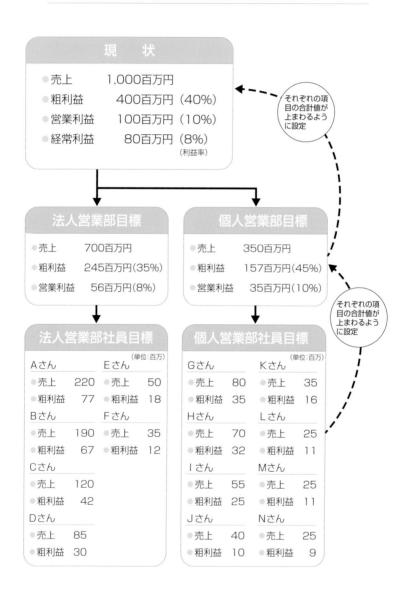

## 「戦略」を実行し、成果を出せる人材をつくる

「戦略」を実行し、成果を出せる人材を育てるキモになる評価項目です。具体的な落とし込み方の手順をご紹介しながら解説します。

たとえば、ある会社が「営業プロセスの標準化」が大きな課題で、これを推進することで属人化した営業活動を改善し、売上の拡大を図ろうという「戦略」を立案したとしましょう。

これを評価項目に落とし込む場合を考えてみます。

まず、評価項目を「営業活動」とし、そのために求める役割を社員のレベル（グレード）ごとに設定していきます。次は、その落とし込み方の事例をご紹介しますので参考にしてください。

**【入社1年目の社員】**

標準営業プロセスを理解し、上司の指示通りに行動することができていた。

**【一人前の一般職営業社員】**

標準営業プロセスにそって営業活動を行ない、ルールどおりに進捗を報告できていた。

**【中堅営業社員　主任レベル】**

標準営業プロセスにそって営業活動を行ない、ルールどおりに進捗を報告できていた。営業活動を通じた成功・失敗体験を部門全体で共有していた。後輩に対してアドバイスができていた。

**【リーダー営業社員　係長レベル】**

標準営業プロセスにそって営業活動を行ない、ルールどおりに進捗を報告できていた。標準営業プロセスについて、さらに成果を高めるためのアイデアを提案できた。営業活動を通じた成功・失敗体験を部門全体で共有していた。部下と定期的にミーティングの場を持ち、指導を行なっていた。

**【マネジメント営業社員　課長レベル】**

課のメンバー全員が標準営業プロセスにそって行動することができていた。部下それぞれの営業プロセス上の改善点を把握し、指導することで課全体の成果を高めることができていた。

こうして、会社が実行すべき「戦略」を具体的な行動レベルに落とし込み、評価基準で全社員に示します。これらを「成果評価項目」として評価基準を作成します。

## 業績評価項目が戦略で成果を出せる人材をつくる

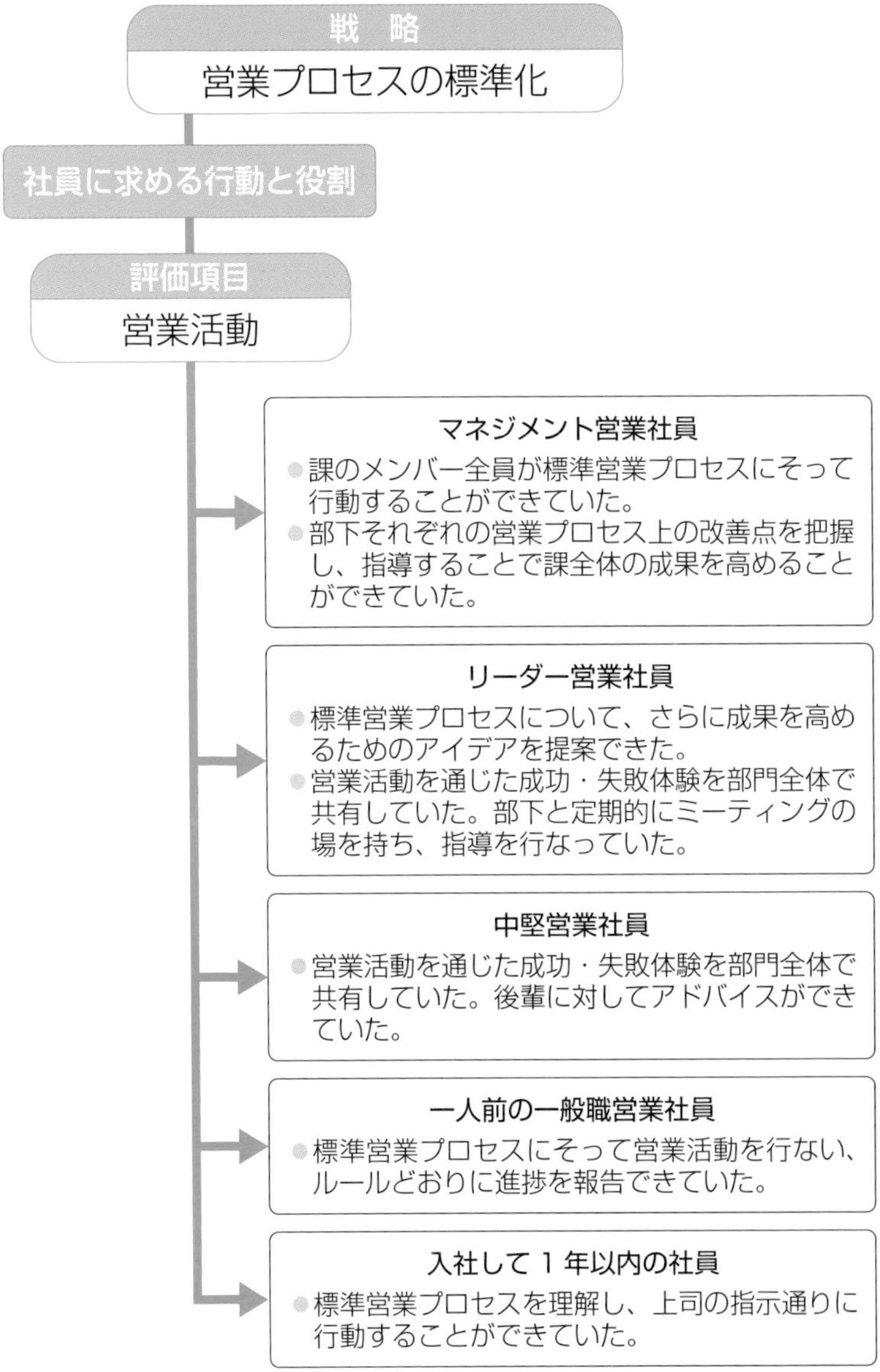
戦　略
営業プロセスの標準化
社員に求める行動と役割
評価項目
営業活動
マネジメント営業社員
課のメンバー全員が標準営業プロセスにそって行動することができていた。
部下それぞれの営業プロセス上の改善点を把握し、指導することで課全体の成果を高めることができていた。
リーダー営業社員
標準営業プロセスについて、さらに成果を高めるためのアイデアを提案できた。
営業活動を通じた成功・失敗体験を部門全体で共有していた。部下と定期的にミーティングの場を持ち、指導を行なっていた。
中堅営業社員
営業活動を通じた成功・失敗体験を部門全体で共有していた。後輩に対してアドバイスができていた。
一人前の一般職営業社員
標準営業プロセスにそって営業活動を行ない、ルールどおりに進捗を報告できていた。
入社して１年以内の社員
標準営業プロセスを理解し、上司の指示通りに行動することができていた。

## 「人材育成目標」で戦略の実行に必要な能力を身につける

次に、ビジョンを実現するために社員が目指す人材像「10年後の社員人材像」と、そのために必要とされる「ギャップを埋めるために必要な課題」から「能力評価項目」を作成します。

一般的には「報告・連絡・相談」や「改善・提案力」「コミュニケーション力」「スケジュール管理」「部下育成指導力」などが求められます。

また、「エクセル・パワーポイント／パソコンスキル」「決算書分析力」などの技術や知識、「販売士3級」「宅地建物取引士」「簿記3級」などの資格が職種やグレード（役職）に応じて必要となる場合は、評価内容に設定します。

繰り返しますが、このカテゴリーの項目は「戦略」を推進し、成果を出せる人材となるために必要な能力です。各社員が日々研鑽に自ら取り組み、実力アップを実現できるよう、できるだけ具体的に示せる表現にするのがポイントです。

部門や職種によっては、毎月チェックテストを行なうなどの工夫をしながら、知識、技術の習得を通じた学習が当たり前となるような風土づくりを推進しましょう。

## 能力評価項目で戦略実行に必要なスキルを習得

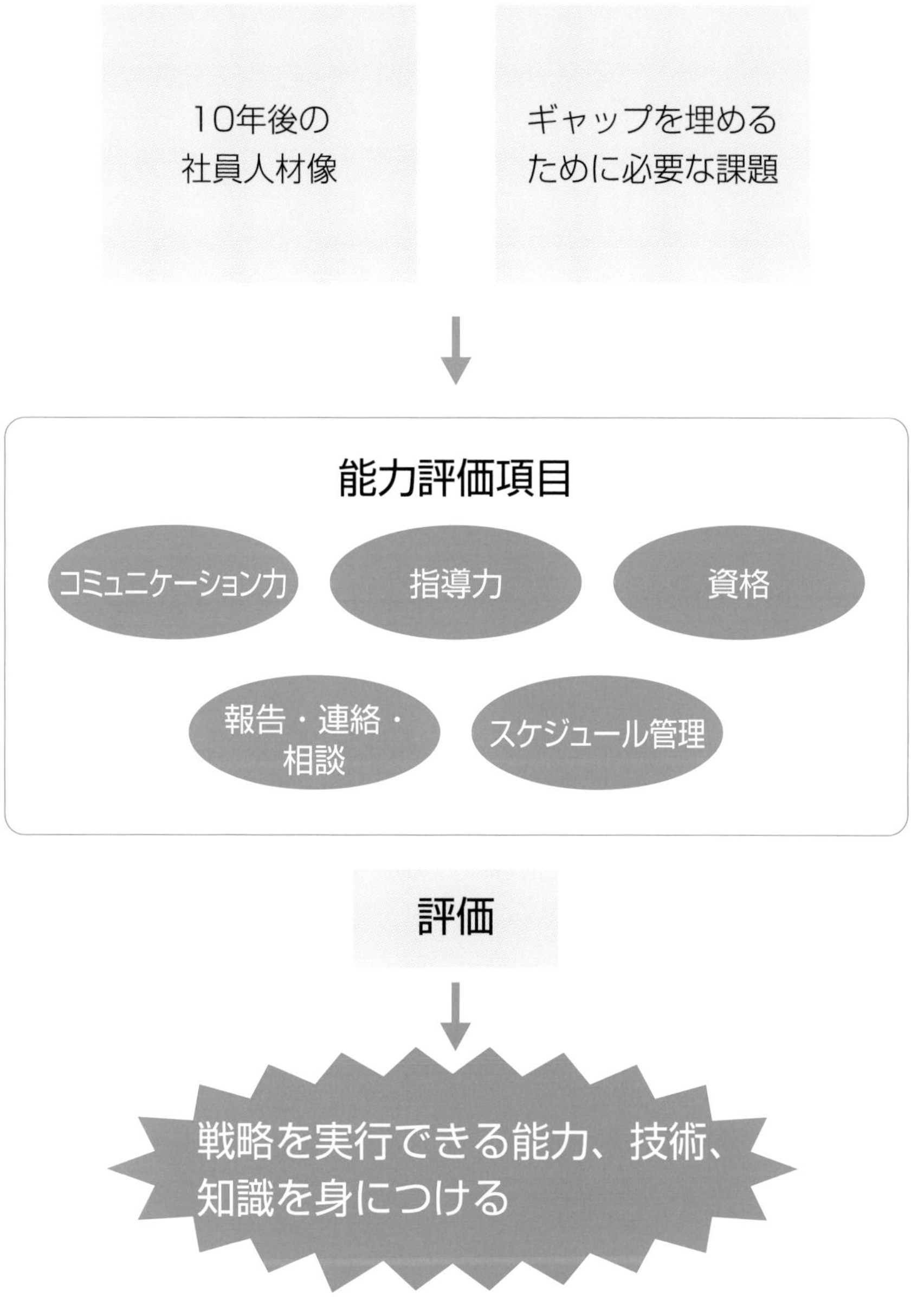

## 「行動理念」を評価基準に落とし込み、理念を全社員で実践する

「行動理念」に直結する仕事上での役割、行動を「情意評価項目」として定めます。

たとえば、「チームワークを重視し、組織力で最大の成果を目指します」という行動理念からは、どんな評価基準が考えられるでしょうか。

「他メンバーの仕事状況を把握するよう努め、悩みや課題を抱えた人がいた場合は相談に乗るなどのサポートをしていた」という評価基準としたとしましょう。

その結果、〝まわりを気づかっていた〟〝周囲を気にして声をかけていた〟〝他人のサポートを行なった〟人が評価されることになります。こうして「情意評価項目」で、理念にそった行動をうながすことができます。

**「行動理念」は「経営理念」を実現するために全社員に実践してもらわなければならない重要な視点です。**自社の「経営理念」の実行につながっているのかを、評価制度の運用を通じてチェックしながら指導し、成果を高めていきましょう。

なお、「評価制度」に関しては、拙著『3STEPでできる 図解 小さな会社の人を育てる「人事評価制度」のつくり方』（あさ出版）で、さらにくわしく作成と運用手順を解説しています。あわせて活用いただくことで人材育成につながる評価制度を実践できるでしょう。

## 情意評価で理念を実現する項目

行動理念

例）チームワークを重視し、
組織力で最大の成果を目指します

↓

情意評価項目

他メンバーの仕事状況を把握するよう努め、悩みや課題を抱えた人がいた場合は相談に乗るなどのサポートをしていた

＝

評価

↓

全社員が経営理念に沿って行動できている状態

第6章

# リーダーがグングン育つ「評価制度」運用の手順

# 1 「評価制度」の運用で成果を出せる人材を育てる

## 理想の人材へ導く「評価制度」運用5つのステップ

「評価制度」の運用は、次の5つのステップで行ないます。

【ステップ1】評価の実施

評価者（リーダー）が評価基準にもとづき、被評価者（部下）の評価を行ないます。部下本人も自分自身の行動を振り返り、自己評価を行ないます。

【ステップ2】育成会議

評価者の上司同士のバラツキを統一し、評価結果を決定、部下の育成の方向性を上司2人で共有します。

【ステップ3】育成面談

評価結果を伝え、それに基づいた成長のための目標を上司と本人で共有します。

**［ステップ4］成長目標設定**

［ステップ3］で決めた目標を、「チャレンジシート」で具体的な取り組み内容、手順を計画します。

**［ステップ5］チャレンジ面談**

目標の進捗状況、達成度を毎月の「チャレンジ面談」で確認、アドバイスします。

これが「評価制度」のＰＤＣＡで、５つのステップを通じてＰＤＣＡをまわしていきます。ＰＤＣＡサイクルがどう機能するかは２５５ページでご説明します。

このステップを手順通りに、リーダーが主体的に推進し、全社員が取り組んでいる状態となることが戦略で成果を出せる人材を育成できる条件です。

まずは［ステップ1］～［ステップ5］の進め方と、成果につながるポイントをくわしく解説しましょう。

## 評価制度　5つのステップ

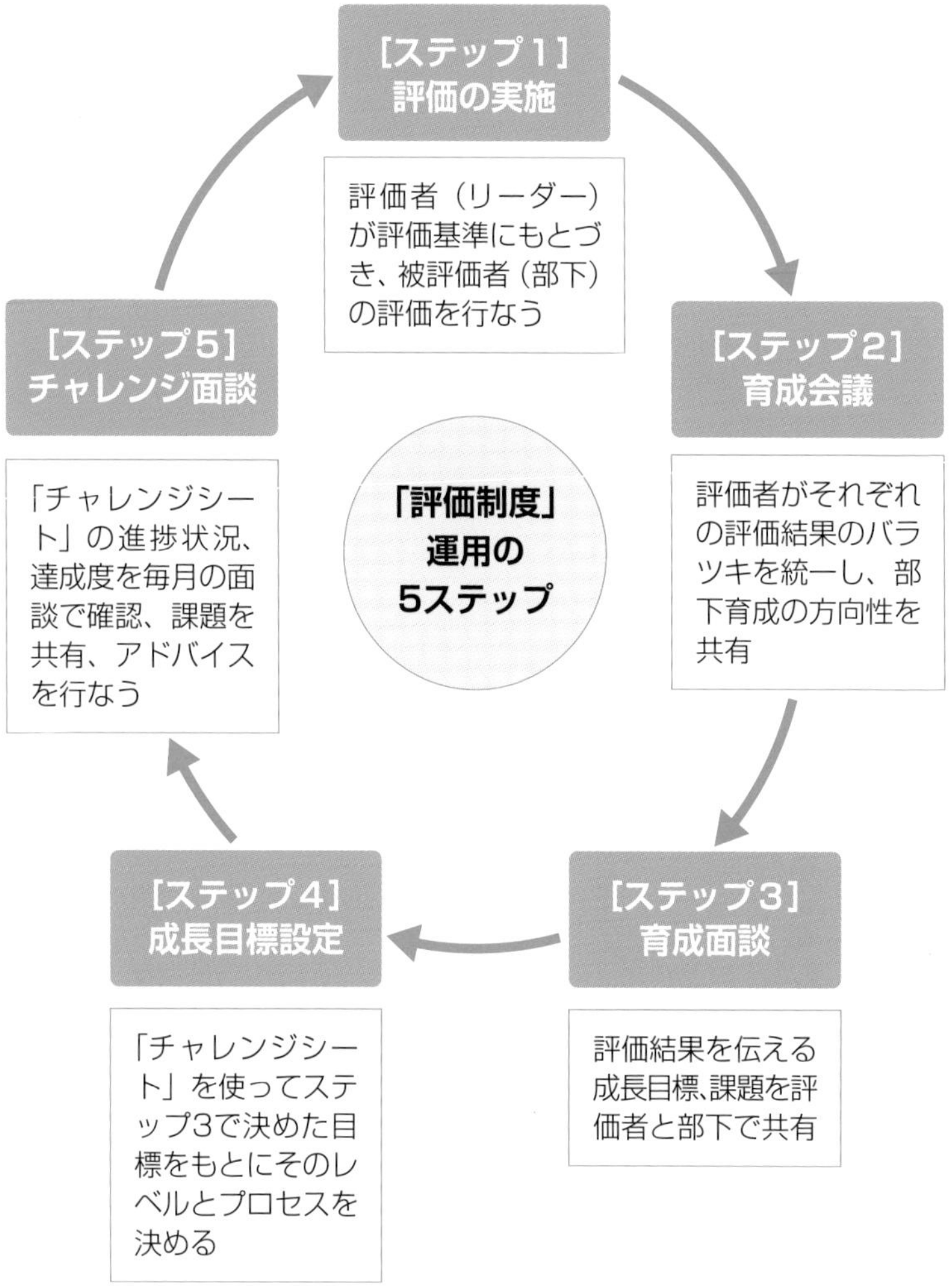

「評価制度」運用の5ステップ
[ステップ1] 評価の実施
評価者（リーダー）が評価基準にもとづき、被評価者（部下）の評価を行なう
[ステップ2] 育成会議
評価者がそれぞれの評価結果のバラツキを統一し、部下育成の方向性を共有
[ステップ3] 育成面談
評価結果を伝える 成長目標、課題を評価者と部下で共有
[ステップ4] 成長目標設定
「チャレンジシート」を使ってステップ3で決めた目標をもとにそのレベルとプロセスを決める
[ステップ5] チャレンジ面談
「チャレンジシート」の進捗状況、達成度を毎月の面談で確認、課題を共有、アドバイスを行なう

## ステップ1

# 評価の実施──３者が別々に行なう評価が成長を支援する

評価の実施には、ポイントが３つあります。

１つ目は、**評価は必ず３者で行ないます。**「本人」「直属の上司」「その上の立場の上司」の３者です。上司２人で評価を行なうことによって客観性を持たせることができ、評価結果の納得度を高めます。

また、自己評価を繰り返し行なうことで、自分自身の仕事レベルを適正に把握できる力を身に着けることができます。自分自身のレベルを把握できていない人は、成長に結びつかない場合が多い傾向がありますから重要なポイントです。

２つ目のポイントは、**３者がそれぞれ個別に評価を実施する**ということです。

一般的な評価制度は本人が自己評価を実施し、同じ1枚のシートに1次評価者、2次評価者も評価を作成する場合が多いようですが、これはおすすめできません。

この方法だと、上司が自己評価に影響を受けたり、2次評価者が1次評価者の評価に合わせることが起こりがちです。こうなってしまうと、自己評価が高い人のほうが評価結果がよくなるなど、適正さを欠いた評価結果となり、納得度も得られません。

3つ目は、**必ず評価項目ごとに判断理由を記入すること**です。

なぜ「A評価」としたのか、「C評価」となったのは何ができていなかったのかを具体的に記入してもらいます。そのため、とくにリーダーは、部下の仕事ぶりをしっかり観察し、把握しておく必要があります。これが部下とのコミュニケーションの量や、指導の機会の増加につながり、リーダーが育成能力を身に着けることができるのです。

評価は、「評価シート」という記入用紙に3者が個別に行ない、総務や人事担当者に提出します。社員全員の評価が出そろったら、担当者は、3者の評価をまとめた「育成シート」を作成し、これをもとに次のステップ「育成会議」を行ないます。

247~248ページに「評価シート」と「育成シート」の事例をご紹介しています。お気づきかと思いますが、社員数30人の会社では、90人分の「評価シート」が出てくることになります。これを、248ページの「育成シート」にまとめなければなりませんので、結構大変な集約作業となります。

私たちは、クラウドを活用してクライアントの全評価結果の集約を支援しています。自社でまとめる場合は、エクセル関数を利用するか、プログラムを組んで効率的に集約業務を進められるようにしておきましょう。

# 評価シート

| 評価対象期間 | 2023年4月1日～6月30日 |
|---|---|

| 部署 | 営業一課 | グレード | L1 | 被評価者名 | 鈴木二郎 | 評価者名 | （部長）中尾孝二 |
|---|---|---|---|---|---|---|---|

【 上司評価 ・ 自己評価 】

| 評価項目 | | 判断理由・根拠 | 評価 |
|---|---|---|---|
| 成果目標 | 経営理念の理解 | ① 経営理念を理解している。日々の行動で部下に示せるよう努力している。 | A ・ B ・ Ⓒ |
| | 戦略・アクションプランの推進 | ① 部署のアクションプランを意識し、日々の業務に取り組んでいる。 | A ・ Ⓑ ・ C |
| | | ② 部下の行動を見ながら、アクションプランに沿った対応をとるよう指示、アドバイスを行なった。 | A ・ B ・ Ⓒ |
| | 目標に対する取り組み（目標管理力） | ① 目標達成に向けての取り組みについて計画を立て、実行に移している。 | A ・ Ⓑ ・ C |
| | | ② 部下の達成率について定期的に上司と確認しながら、未達成のものについては随時アドバイスを行なっている。 | A ・ B ・ Ⓒ |
| | 企画提案 | ① 商談が進んでいく中で、お客様から情報をうまく聞き出せず、お客様に合った提案をできなかった。 | A ・ B ・ Ⓒ |
| | 対外折衝 | ① 部下にはことあるごとに、利益については意識するよう、助言・説明をしている。 | Ⓐ ・ B ・ C |
| | 顧客管理 | ① 部下の顧客管理についてきちんとした指導を行なえず、クレームが出てしまった。 | A ・ B ・ Ⓒ |
| | クレーム・トラブル対応 | ① クレームは最優先で対処し、スムーズに解決できるよう、指示し対応した。 | A ・ Ⓑ ・ C |
| | | ② 月ごとに発生したクレーム・トラブルをまとめ、本社へ報告している。 | A ・ Ⓑ ・ C |
| | コスト低減、業務効率化の推進 | ① 自らもコストを意識した行動をし、部下に対してもムダのない行動をするよう指導した。 | A ・ Ⓑ ・ C |
| | | ② 具体的な改善提案はできていない。 | A ・ B ・ Ⓒ |
| 能力目標 | 情報収集力 | ① 日々、テレビ・新聞・インターネットで業界の情報をチェックしている。 | A ・ Ⓑ ・ C |
| | | ② 情報の少ない部下には、質問を投げかけるなどして、意識的に調べさせるよう努めた。 | A ・ Ⓑ ・ C |
| | 業務改善 | ① つねに業務の効率化を考え、取り組んでいる。 | A ・ Ⓑ ・ C |
| | 報告・連絡・相談 | ① 報告・連絡等のない者にも注意し、全体の状況を把握できるよう努めた。 | A ・ Ⓑ ・ C |
| | スケジュール管理 | ① 会社全体のスケジュールから個々のスケジュールを考え、業務の遂行に当たった。 | A ・ Ⓑ ・ C |
| | 他部署との連携 | ① 他部署とは情報交換を密にし、スムーズな業務が行なえるよう取り組んだ。 | A ・ Ⓑ ・ C |
| | 必要知識・技術・資格 | ① 日商簿記3級を取得した。その他必要知識もある。 | Ⓐ ・ B ・ C |
| | 部下育成指導（人材育成力） | ① 部署内の雰囲気をみて、問題を抱えていそうな部下には積極的に声をかけた。 | A ・ Ⓑ ・ C |
| 情意目標 | 責任感 | ① 自分の業務だけでなく、周囲を見て全体が滞りなく進むよう日々努力している。 | A ・ Ⓑ ・ C |
| | | ② 解決策を考え、自ら行動に移すようにしている。 | A ・ Ⓑ ・ C |
| | 積極性 | ① 新しく指導された業務に関しても、積極的に動き、早く1人でこなせるように努力している。 | Ⓐ ・ B ・ C |
| | 規律性 | ① 1人ひとりの行動に気をくばり、部署内の秩序を保つよう指導を行なった。 | A ・ Ⓑ ・ C |
| | | ② 関係業者とも気持ちよく仕事ができるよう、細かな配慮を忘れずに行動している。 | A ・ Ⓑ ・ C |
| | チームワーク | ① 週に1度はランチミーティングと称し、社内にいるみんなと食事をとることで、コミュニケーションの向上に努めた。 | Ⓐ ・ B ・ C |
| | | ② 部下の特性・業務量を見て、仕事の割り振りを考え、滞りなく仕事を進めるよう指示をした。 | A ・ Ⓑ ・ C |

# 育成シート

| | | | | | | | | | | |
|---|---|---|---|---|---|---|---|---|---|---|
| グレード | | | | | L1 | | | | | |
| 氏　名 | | | | | 鈴木二郎 | | | | | |
| 評価対象期間 | | | | | 2023年4月1日〜6月30日 | | | | | |
| 部　署 | | | | | 営業部 | | | | | |
| 評価者 | | | | | 佐藤常務 | | 中尾部長 | | 自　己 | |
| 業績目標 | 全社目標 | 売上高 | | | C | 0.83 | C | 0.83 | C | 0.83 |
| | | 経常利益 | | | B | 2.50 | B | 2.50 | B | 2.50 |
| | 部署目標 | 業績結果項目 | 売上高 | | B | 1.75 | B | 1.75 | B | 1.75 |
| | | | 営業利益率 | | A | 2.04 | A | 2.04 | A | 2.04 |
| | | | 契約件数 | | B | 1.75 | B | 1.75 | B | 1.75 |
| | | | 上棟数 | | B | 0.88 | B | 0.88 | B | 0.88 |
| | | | 引渡件数 | | S | 1.17 | S | 1.17 | S | 1.17 |
| | | 業績プロセス項目 | イベント回数 | | B | 0.88 | B | 0.88 | B | 0.88 |
| | | | イベント集客数 | | A | 1.02 | A | 1.02 | A | 1.02 |
| | 個人目標 | 業績結果項目 | 契約件数 | | B | 14.00 | B | 14.00 | B | 14.00 |
| | | | 上棟数 | | C | 5.83 | C | 5.83 | C | 5.83 |
| | | | 個人売上高（1棟当たり売上） | | S | 4.67 | S | 4.67 | S | 4.67 |
| | | 業績プロセス項目 | ポスティング件数 | | D | 1.17 | D | 1.17 | D | 1.17 |
| | | | DM・はがき件数 | | C | 4.38 | C | 4.38 | C | 4.38 |
| | | | 総面談件数 | | A | 10.21 | A | 10.21 | A | 10.21 |
| | | | 新規面談件数 | | B | 3.50 | B | 3.50 | B | 3.50 |
| | | | アポイント面談件数 | | C | 2.92 | C | 2.92 | C | 2.92 |
| | | | 紹介訪問面談件数 | | B | 2.63 | B | 2.63 | B | 2.63 |
| | | | 契約率 | | C | 4.38 | C | 4.38 | C | 4.38 |
| | | | アフター点検実施率 | | B | 2.63 | B | 2.63 | B | 2.63 |
| | | | アンケート点数（プラス評価） | | 92点 | 1.00 | 92点 | 1.00 | 92点 | 1.00 |
| | | | 紹介件数（プラス評価） | | 0件 | 0.00 | 0件 | 0.00 | 0件 | 0.00 |
| | | | 改善提案（プラス評価） | | 0件 | 0.00 | 0件 | 0.00 | 0件 | 0.00 |
| 成果目標 | 経営理念の理解 | | | ① | C | 7.00 | A | 21.00 | B | 14.00 |
| | 戦略・アクションプランの推進 | | | ① | B | 5.50 | B | 5.50 | B | 5.50 |
| | | | | ② | C | 2.75 | A | 8.25 | A | 8.25 |
| | 目標に対する取り組み | | | ① | B | 7.00 | A | 10.50 | B | 7.00 |
| | | | | ② | C | 3.50 | B | 7.00 | B | 7.00 |
| | 企画提案 | | | ① | C | 5.00 | C | 5.00 | C | 5.00 |
| | 対外折衝 | | | ① | A | 12.00 | B | 8.00 | B | 8.00 |
| | 顧客管理 | | | ① | C | 6.00 | A | 18.00 | C | 6.00 |
| | クレーム・トラブル対応 | | | ① | B | 4.00 | B | 4.00 | B | 4.00 |
| | | | | ② | B | 4.00 | B | 4.00 | B | 4.00 |
| | コスト低減、業務効率化の推進 | | | ① | B | 4.00 | B | 4.00 | B | 4.00 |
| | | | | ② | C | 2.00 | C | 2.00 | C | 2.00 |
| 能力目標 | 情報収集力 | | | ① | B | 2.50 | A | 3.75 | A | 3.75 |
| | | | | ② | B | 2.50 | B | 2.50 | B | 2.50 |
| | 業務改善 | | | ① | B | 6.00 | A | 9.00 | B | 6.00 |
| | 報告・連絡・相談 | | | ① | B | 3.00 | A | 4.50 | B | 3.00 |
| | スケジュール管理 | | | ① | B | 3.00 | A | 4.50 | B | 3.00 |
| | 他部署との連携 | | | ① | B | 4.00 | B | 4.00 | B | 4.00 |
| | 必要知識・技術・資格 | | | ① | A | 4.50 | A | 4.50 | A | 4.50 |
| | 部下育成指導 | | | ① | B | 6.00 | B | 6.00 | B | 6.00 |
| 情意目標 | 責任感 | | | ① | B | 2.00 | B | 2.00 | B | 2.00 |
| | | | | ② | B | 2.00 | B | 2.00 | B | 2.00 |
| | 積極性 | | | ① | A | 6.00 | A | 6.00 | B | 4.00 |
| | 規律性 | | | ① | B | 1.50 | B | 1.50 | B | 1.50 |
| | | | | ② | B | 1.50 | B | 1.50 | B | 1.50 |
| | チームワーク | | | ① | A | 3.00 | A | 3.00 | B | 2.00 |
| | | | | ② | B | 2.00 | B | 2.00 | B | 2.00 |
| 合　計 | | | | | 182.39 | | 224.14 | | 192.64 | |
| 評価点 | | | | | 199.72 | | | | | |
| 評価結果 | | | | | B | | | | | |

## ステップ2　育成会議――「育成会議」で評価者は部下育成の方向性を共有する

「育成会議」とは、「直属の上司」と「その上の上司」との間の評価結果のすりあわせの場です。

「育成会議」の目的は2つあります。

**①評価者同士の判断基準をそろえる**
**②被評価者の育成の方向性を上司同士で共有する**

上司2人が同じ部下の評価を行なうと、必ず評価結果にバラツキが出ます。これをそのまま本人に伝えると、評価制度に対する不信感につながりかねません。本人が、評価が低いほうの上司に不満を持ってしまったり、それぞれの上司が異なった見解を伝えてしまったりするからです。そのため、「育成会議」で、上司2人の間で差異がある項目はすべてすりあわせをし、統一します。

評価者であるリーダーの評価判断基準がそろうということは、部下の仕事の取り組み方のよしあしや改善点を正しく把握できることにつながります。これが部下を求める方向へ育成できるリーダーの第一歩となるのです。

また、この「育成会議」にはコーディネーター役が必要です。

コーディネーターは、当社のコンサルティング先ではコンサルタントが務めるのですが、自社で行なう場合は社長か役員クラスの人が担当してください。**客観性を保って、どんな評価者に対しても言うべきことが言える人材であることがポイントです。**

評価者の圧力に負けてしまうようでは力不足ということです。

また、コーディネーターには評価基準に照らしあわせて、上司2人の評価結果をもとに具体的な理由を聞きながら正しく判断する力が求められます。

経験がない中小企業ではこうしたスキルを持った人材はいないので、専門のコンサルタントを頼ったほうがよいでしょう。たとえば当社では多様な業種、規模の中小企業で、のべ3000人以上の育成会議に同席した経験豊富なコンサルタントがコーディネーターを務めます。

コーディネーターは全社員の「育成会議」に入り、トータルで部門間の判断の差もバランスをとる必要があります。

## ステップ3　育成面談――「育成面談」で全社員の成長を支援する

評価制度の運用のなかで、とくに人材育成の重要な場となるのが「育成面談」です。「育成面談」も2つの目的があります。

①評価結果を伝え納得してもらう
②本人の成長目標を上司と共有する

一般的な面談はフィードバックなどと呼ばれ、①に重点が置かれます。しかし、「ビジョン実現型人事評価制度®」は、戦略を推進し目標を達成できる人材育成が目的ですから②を重視します。

これが「育成面談」が重要な位置づけにある理由です。

こうした人材づくりを目指していますから、「育成面談」を育成支援の場としてとらえます。着実に本人の成長につなげるための目標設定を行ない、面談が終了した時点では、評価結果が悪かった人でもモチベーションを上げる面談を行なわなければなりません。そのための理想の育成面談プロセスを次ページでご紹介していますので参考にしてください。

## やる気を高める育成面談のプロセス

### 1. 導入

まずは本人をリラックスさせ、話しやすい雰囲気をつくるための話題から入る

↓

### 2. 趣旨説明

面談の目的が「成長支援の場」であることを毎回必ず伝える

↓

### 3. 評価結果を伝える

ここではじめて「育成シート」を本人に渡し、評価結果を伝える。特に上司評価と自己評価が違う項目を中心に判断理由を伝え、本人の意見も引き出しながら実施する

↓

### 4. 成長目標の共有

評価結果をもとに、成長のために具体的に何に取り組むかを上司と本人で共有する

↓

### 5. エンディング

上司として本人の成長のための支援を惜しまないという姿勢を示す。期待を込めた言葉で締めくくる

## ステップ4　成長目標設定——「チャレンジシート」で自分自身の成長イメージを描く

次に、「育成面談」で明確になった成長目標を「チャレンジシート」で被評価者本人が設定します。

「チャレンジシート」の記入方法と活用手順は217～221ページ、「個人アクションプラン」の説明時にご紹介しました。「戦略」から落とし込まれた「個人アクションプラン」に加えて、自分自身の成長に向けた目標を**【チャレンジ目標】**として記入します。**【チャレンジ目標】**は3項目設定し、次の内容を作成します。

**【チャレンジ目標】**対象となる評価項目を記入します。
**【到達レベル】**どのような状態を目指すのか、ゴールを設定します。
**【推進手順】**到達レベルまでの手順を番号順に箇条書きで記入します。

本人が作成したものは直属の上司に提出し、評価者である上司からアドバイスを受け、必要な場合は修正します。

256～257ページでご紹介する「チャレンジシート」に「チャレンジ目標」の作成事例も掲載していますので、参考にしてください。

## ステップ5　チャレンジ面談──「チャレンジ面談」で上司が毎月進捗チェック

「チャレンジ目標」は、毎月の面談を行ない、上司が実施状況を確認、支援します。これが、「チャレンジ面談」です。面談の進め方は個人アクションプランと同様です。220ページでご紹介した手順で「チャレンジ目標」も含めて10分程度で終わるよう工夫してみてください。

繰り返しますが、**面談は毎月確実に実行することが人材育成につなげる重要なポイント**です。チャレンジシートがきちんと運用できていれば、全社員が3つの目標に四半期ごとにチャレンジし続けているという状態とすることができます。これが、全社員を一歩ずつ着実に成長に向けてステップアップさせていくことにつながるのです。

リーダー任せにして放っておくと、チャレンジ面談を行なわなかったり、適当にこなす評価者も出てきます。しっかりと、社長が中心となって全評価者がチャレンジ面談を毎月行なっているかどうかをモニターできる仕組みを確立しておきましょう。

以上が「評価制度」の人材育成5つのステップです。これを繰り返し実行することで理想の人材を育成することができるのです。

あらためて、このステップをPDCAサイクルにまとめてみると、次のようになります。

243ページで述べた戦略を成果に導く「3つのPDCA」の3つ目、「評価制度」のPDCAです。

〈評価制度 運用サイクル〉

【1】PLAN（計画）……………………成長目標設定　【ステップ4】
【2】DO（実行）……………………推進手順実行・チャレンジ面談　【ステップ5】
【3】CHECK（検証）……………………評価の実施　【ステップ1】
【4】ACTION（改善）……………………育成面談　【ステップ3】

〈評価制度　ツール〉

**チャレンジシート**

本章では、このステップを評価の手順がわかりやすいように「CHECK（検証）」にあたる評価から順を追って説明しました。

この5つのステップが、「戦略」を実行できる人材を育てるPDCAサイクルにほかならないのです。

| | | | |
|---|---|---|---|
| L1 | 氏名 | 鈴木二郎 | 印 |

| | | | | |
|---|---|---|---|---|
| グレード | L2 | 3年後 | グレード | M1 |
| 仕事レベル | ・課の業務管理ができる<br>・部下の指導、育成を任される | | 仕事レベル | ・課の目標達成を期待されている部下の計画的育成で成果を出す |

| 4月 | 5月 | 6月 |
|---|---|---|
| ①既存客データの一覧作成<br>②有効データ、情報の検討<br>③課長に確認、共有<br>④改善、修正 | ⑤自ら活用スタート | ⑥修正、改善 |
| | | |
| | | |

| 推進手順 |
|---|
| ①質問力に関する本を2冊読む<br>②実践内容をまとめる<br>③トーク（セリフ）マニュアルを作成する<br>④ロープレを田中主任、川口課長に見てもらう<br>⑤トークマニュアル修正<br>⑥担当先で実施<br>⑦結果集約<br>⑧課題把握、改善 |
| |
| |

| 6月 | 総括 |
|---|---|
| | |
| | |
| | |

| |
|---|
| |
| 面談実施　　月　　日 |

# チャレンジシート

| 【チャレンジシート】2023年4月〜6月 | 所属 | 営業1課 | グレード |
|---|---|---|---|

| | | | | | |
|---|---|---|---|---|---|
| 現状分析 | 強み | コミュニケーション力がある | 今期のテーマ | 既存拡大率部門トップ | 1年後 |
| | 弱み | 数値分析が苦手 | | | |

| | | 個人アクションプラン | 成果指標 | 推進手順 |
|---|---|---|---|---|
| 個人アクションプラン | ① | 既存客分析フォーム作成 | 分析フォームを営業部門で活用 | ①既存客データの一覧作成<br>②有効データ、情報の検討<br>③課長に確認、共有<br>④改善、修正<br>⑤自ら活用スタート<br>⑥修正、改善<br>⑦全営業マンへ共有 |
| | ② | | | |
| | ③ | | | |

| | | 目標項目 | 到達レベル |
|---|---|---|---|
| チャレンジ目標 | ① | ヒアリング能力向上 | 全担当先からこちらが欲しい情報を引き出せる |
| | ② | | |
| | ③ | | |

| | | 4月 | 5月 |
|---|---|---|---|
| 実践内容・課題 | ① | 分析フォームは自分なりには活用できそうなものができたと思う<br>本の選定に時間がかかり、実践内容のまとめができなかった<br>トークマニュアルの作り方がわからないので、参考になる事例を探す<br>まずじっくり相手の話を聞くことが大事だということがわかった | |
| | ② | | |
| | ③ | | |

| | | |
|---|---|---|
| 上司コメント | トークマニュアルは手書きでもよいのでざっくりまず作成して見せてください<br>まず、社内のコミュニケーションで学んだことを実践してみよう | |
| | 面談実施　5月　8日 | 面談実施　　月　　日 |

## 人材育成のサイクルの仕組み化が「戦略」を成果に導く

会社の「戦略」を実行し、目標を達成する人材育成の仕組みについて具体的にお話ししてきました。

それが「3つのPDCA」、「アクションプラン」「個人アクションプラン」「評価制度」のPDCAです。

もう一度確認しますが、この人材育成の取り組みは次のような流れで社員へ落とし込まれています。

- **10カ年事業計画→戦略→アクションプラン→個人アクションプラン**
- **事業計画・戦略・人材育成目標・行動理念→評価基準→評価→チャレンジ目標**

流れのいちばん上流を見てください。

どちらも、目指すべきゴール、会社の「10カ年事業計画」が出発点です。

当たり前ですが、上流のゴールからしっかり落とし込まれた下流の仕組みがきっちり動いていることで、「戦略」を成果に結びつけることができるのです。

これがすなわち、「3つのPDCA」がまわり続けているということです。

私自身の22年以上の実体験から断言できる真実ですが、この「3つのPDCA」をまわし続けることができている中小企業は、生産性を上げながら成長し続けています。

まわし続けることで、最初は成果が出なかったものも改善され質がアップし続けます。

まわし続けることで、戦略実行力のなかった社員も徐々に実力をつけて成果が出せる人材に育ちます。

しかも、まわし続けるのはリーダーたちです。

生産性がアップするのは必然の仕組みなのです。

まさに、本書の冒頭でお伝えした日本の中小企業の課題、生産性を向上させるために、何より優先させるべき取り組みなのです。

繰り返しますが、もぐらたたきゲームはもうやめましょう。私自身、中小企業がこうした迷路に陥るのはもう見たくありません。

目の前の、一見、緊急性が高いと思いがちな課題からいったん距離をおき、遠い未来を見つめ、想像（創造）するところからスタートしましょう。

本書を閉じて、思いを巡らせ未来を想像してみてください。

最初はなかなか具体的には描けないでしょう。

できれば、今日から毎日5分だけでよいので、仕事が始まる前にその時間を持ってみてください。少しずつ10年後の未来が描けるようになってくるはずです。

その未来を、仕組みで組織をマネジメントしていくこととあわせれば、あなたが思い描くとおりの未来が実現できるはずです。

中小企業の社長、高い志を持ったあなたが、ちょっとした決意と覚悟を持って、「ビジョン実現型人事評価制度®」の取り組みをスタートすることが、社員の将来と日本の未来を明るく照らすきっかけとなるのです。

多くの中小企業がすでにスタートを切っています。

さあ、一緒に一歩踏み出しましょう。
未来を切り開き、未来を創造できるのは社長のあなたしかいないのです。

装丁　菊池祐（ライラック）
本文DTP　ダーツ
編集協力　齋藤康敏

**山元浩二**（やまもと　こうじ）

経営計画と人事評価制度を連動させた組織成長の仕組みづくりコンサルタント。10年間を費やし、1000社以上の経営計画と人事制度を研究。双方を連動させた「ビジョン実現型人事評価制度®」を約680社の運用を通じて開発、オンリーワンのコンサルティングスタイルを確立した。中小企業の現場を知り尽くしたコンサルティングを展開、“94.1%”という高い社員納得度を獲得するとともにマネジメント層を強化し、多くの支援先の生産性を高め、成長し続ける組織へと導く。その圧倒的な運用実績を頼りに全国の経営者からオファーが殺到している。自社組織も経営計画にそった成長戦略を描き果敢に挑戦、創業以来21年連続増収を続け、業界の注目を集めている。著書に『小さな会社は経営計画で人を育てなさい!』『【改訂新版】図解　3ステップでできる!　小さな会社の人を育てる　人事評価制度のつくり方』（以上、あさ出版）『小さな会社の〈人を育てる〉賃金制度のつくり方』（日本実業出版社）などがある。累計16万部を突破し、多くの経営者から注目を集めている。

**小《ちい》さな会社《かいしゃ》の〈人《ひと》を育《そだ》てて生産性《せいさんせい》を高《たか》める〉「戦略《せんりゃく》」のつくり方《かた》**

2023年10月１日　初版発行

著　者　山元浩二

発行者　杉本淳一

発行所　株式会社日本実業出版社　東京都新宿区市谷本村町3−29　〒162-0845

編集部　☎03-3268-5651
営業部　☎03-3268-5161　振　替　00170-1-25349
https://www.njg.co.jp

印刷／厚徳社　　製本／若林製本



ISBN 978-4-534-06045-7　Printed in JAPAN